Lauber Dorfgeschichten

von: Alfred Bäurle

Impressum:
Herausgeber: Heimatverein Laub eV
Alle Rechte vorbehalten
Texte: Alfred Bäurle
Umschlagbild: Alfred Bäurle
Lektorat: Herwig Heisler

© 2017
Herstellung und Verlag: BoD – Books on Demand,
Norderstedt.
ISBN: 9783744887755

Inhaltsverzeichnis

Vorwort

Erinnerungen an „die gute alte Zeit"?
Nein eine Glorifizierung vergangener Zeiten soll mit den
folgenden Aufzeichnungen nicht versucht werden.

Die gute alte Zeit hat es nie gegeben.

Aber es ist sicher sinnvoll, Ereignisse vergangener Jahre
schriftlich festzuhalten. Vieles geht sonst verloren. Es
mag sein, dass jüngere Menschen wenig Interesse zeigen
an Begebenheiten und Ereignissen ihrer Ahnen.

Aber auch Jugendliche werden später zu den „Alten"
zählen. Dann erwacht oft das Interesse an längst
Vergangenem.

Aber die, die es vom Hörensagen oder eigenem Erleben
erzählen könnten, sind dann nicht mehr da.

So geht Vieles von all dem verloren, was das Leben
unserer Vorfahren geprägt hat.

Vielleicht kann der nachstehende Spruch verdeutlichen,
dass es sinnvoll sein kann, die Erinnerung wachzuhalten:

Lasset uns am Alten,
so es gut ist, halten,
doch auf altem Grund
Neues bauen jede Stund!

Ansteckende Krankheiten in Laub

Die Matrikelbücher der Pfarreien sind oftmals die einzigen Quellen, um die Geschichte lebendig werden zu lassen. Leider sind diese Aufzeichnungen nicht immer gewissenhaft gemacht worden.

Aber über eine gefährliche Krankheit, die Mitte des 18. Jahrhundert in Laub grassierte, können wir genaues erfahren. G. Ott, vermutlich handelt es sich dabei um Pfarrer Gabriel Ott, der von 1938 bis 1952 in Laub als Pfarrer tätig war, hat nachstehenden Bericht aus den Matrikelbüchern aufgeschrieben.

Die Matrikel I, Seite 497 in Laub verzeichnet für das Jahr 1743 vom 16. bis 24. Juni das Begräbnis von 6 bayerisch-kaiserlichen Soldaten. Diese gehörten demnach zum Heer des damaligen Herzogs Karl Albrecht von Bayern, der als Karl VII. deutscher Kaiser war.
Sie sind genannt als Zugehörige zu einer Graf-Thöring-Legion, einer Hohenzollern-Legion, einer Jost-Legion und eines Gabrielli-Regiments.

Offenbar fielen sie einer ansteckenden Krankheit zum Opfer, die in den Lauber Sterbematrikeln in diesen Jahren immer wieder unter der Bezeichnung „böses Fieber" als Todesursache genannt ist.

Die Einquartierung mag im Zusammenhang mit den Kriegszügen des Österreichischen Erbfolgekrieges 1741-1745 erfolgt sein. (Im Jahre 1743 Schlacht bei Dettingen bei Aschaffenburg). Unter dem 5. 9. 1743 verzeichnet die

Matrikel abermals ein Soldatenbegräbnis. Im Anchluss daran hat der damalige Pfarrer Melchior Braun folgende Bemerkung niedergeschrieben:

„Im Jahre 1743 kamen in den Monaten Juli und August hierher etwa 500 Soldaten, teils gesund, teils krank. Sie waren 2 Monate hier. Von ihnen sind ungefähr 100 gestorben, von denen ich als Ortspfarrer in Abwesenheit des Militärkaplans mehrere, und zwar die meisten an einem bösen Fieber leidend, versehen und viele begraben habe. Wenn die Namen mir mitgeteilt worden wären, hätte ich sie in diesem Buch niedergeschrieben.

Ich selbst wurde ebenfalls von dieser ansteckenden Krankheit, nämlich dem Fieber, außer vielen Pfarrangehörigen, die gestorben sind, befallen.

Der Dr. Medicus, ein Commisarius und Chirurg wohnten im Pfarrhaus. Die kaiserliche Legion war in Wemding und im Gebiet von Ammerbach bis zum 2. November. Auch der Militärkaplan war im gleichen Jahr mehrere Wochen im Pfarrhaus."

Wo war nun das Begräbnis dieser Soldaten? Da der Friedhof in Laub damals noch kleiner war als jetzt und infolge der ansteckenden Krankheit noch von einem beträchtlichen Teil von der einheimischen Bevölkerung neu belegt werden musste, konnte er unmöglich die vielen Leichen aufnehmen.

Die Antwort auf diese Frage gibt die Matrikel selbst. Unter dem 13. 1. 1746 ist wiederum das Begräbnis zweier Soldaten vom General Feldzeugmeister Waldeck'schen Regiments verzeichnet, Johannes Kößler von Trischl in Böhmen und Heinrich Assauer aus dem Waldeck'schen. An den Eintrag anschließend verzeichnete Pfarrer Kurz folgende Bemerkung:

„Sie wurden begraben außerhalb des Dorfes im Friedhof für Soldaten und Fremde auf dem sogenannten „buc". Zum Zeichen, dass dies ein Friedhof für die Fremden ist, habe ich hier das Kreuz, das vor dem Friedhof stand, eingraben lassen."

Es wurde also durch das Soldatensterben im Jahre 1743 in Laub die Anlegung eines eigenen Friedhofes veranlasst. Im Jahre 1940 hat G. Ott mit Pfarrer Michael Haas, einem geborenen Lauber, nach den Spuren dieses Friedhofes auf den Gemeindeplätzen um das Dorf gesucht, aber nichts gefunden. Im Dorf existiert noch jetzt die Bezeichnung „Buck" für Rasenplätze, z. B. Grüner Buck, Mühlbuck; auch in den Matrikeln kam diese Bezeichnung früher immer wieder vor.

Nun erfuhr ich, schreibt G. Ott, von einigen älteren Leuten, die sich erinnerten, dass man früher den Rasen am Westausgang des Dorfes in der Ecke der Straße nach Schwörsheim zur Rohrach „Soldatenbuck" genannt habe. Dieser Rasen hatte noch eine Fortsetzung bis zum Dorfende hin in Form einer Gemeindewiese mit einer Heckenumfriedung. So dürfte die Annahme, dass hier der Soldatenfriedhof war, nicht fehl gehen. Inzwischen ist der Straße entlang ein Lagerhaus der Raiffeisenkasse

8

erbaut worden. Anmerkung: (das numehr als Lagerstätte für die Utensilien der Lauber Vereine verwendet wird)

Dass um das Jahr 1772 in Laub und Umgebung noch eine weitere ansteckende Krankheit umging, geht aus einer Gedenktafel für einen Geistlichen an der Ostmauer der Kirche und den ungewöhnlich vielen Sterbefällen hervor. Leider sind die Einträge der Matrikel in dieser Zeit sehr dürftig gewesen und nach meiner Erinnerung ohne Angabe der Todesursache.

Die Inschrift der Grabplatte gebe ich ihrer Originalität wegen hier vollstänig wieder.
(Anmerkung: sie kann heute noch angesehen werden)

„Stehe still Wandersmann, allhier liegt der Haan, nicht zwar in der Tat, der jedoch den Nahmen hat. Als Caplan hat er nur durch wenigen Jahren seine Stimm allhier geben können. Johannes Antonius Haan heißet der, von Knüllingen gebürtig war er. Anno 1772 mitten in der Seelenarbeit bei allgemein regierender Krankheit hat er zur Ehr Gottes und Lieb des Nächsten im 32. Jahr des Alters schon sein Leben gegeben. Inzwischen wünsche allezeit seiner Seel die ewige Seligkeit."

Näheren Aufschluss über diese ansteckende Krankheit gibt uns die Sterbematrikel der Pfarrei Reistingen. Hier finden wir für eine Pfarrei von 250 Seelen von damals 10 Sterbeeinträge mit dieser bösen Krankheit als Todesursache.

Bei einem Eintrag vom 14. April 1772 ist dazu noch Näheres berichtet. Die Krankheit wurde genannt „hitziges Gallenfieber", auch „Faulfieber" oder „moderne Krankheit". Weiter heißt es, dass in Deutschland viele Gegenden davon heimgesucht wurden. In Reistingen hat sie im März begonnen. In der Nachbarschaft liegen dann sehr viele darnieder und überall sterben dann einige, mancherorts sehr viele.

In Augsburg sind daran vom 1. Januar bis 14. April 1200 gestorben. Als Ursache der Verbreitung wird die Hungersnot von 1771 angenommen. Man hat Getreide für teures Geld von Italien und Holland eingeführt. Bei uns hat man zum Brotbacken auch Eicheln und Kleie genommen. Bei einem Eintrag vom 1. August ist ein Abnehmen der Krankheit verzeichnet, um Michaeli ein erneutes Ausbrechen. Am 5. Dezember starb der Mesner, am 12. Dezember der Pfarrer Johannes Thomas Rueff. Der letzte Eintrag mit der Seuche als Todesursache erfolgte am 16. 2. 1773.

Wenn wir solches lesen, mag uns ein Ahnen kommen, was die Menschen damals bei solchen Epidemien durchgemacht haben und was unsere heutige Medizin mit ihrer Vorsorge gegenüber solchen Seuchen und bei Ausbruch derselben leistet.

Im Jahre 1964 sind in Laub mehrere Personen an akutem Typhus erkrankt. Zu Todesfällen ist es aber nicht gekommen. Die Ursachen dafür liegen allerdings im Dunkeln.

Merkwürdige Begebenheit in Laub

So lautet der Titel einer handschriftlichen Aufzeichnung in der kaum noch bekannten „deutschen Schrift" (Sütterlinschrift)

Im Jahre 1855, den 15. Juli abends gegen ½ 7 Uhr war dahier ein heftiges Gewitter mit wolkenbruchartigem Regen, bei welchem der Blitz in das Haus des Johann Fackler Nr. 40 ins Hausdach schlug und das Selbige in Asche legte.

Anmerkung:
(heute beim Beader, damals Hansadel Hof)

Das Weib Theresia Fackler geborene Reicherzer wurde vom Blitz an der linken Seite und am rechten Fuße berührt, in Folge dessen sie einige Zeit bettlägerig war.

Gerettet wurde sämtliches Vieh und die meisten Kleidungsstücke, Federn aus verbrannten Betten und eine ganze Bettstatt.

Der Kreszenz Reicherzer, Schwester des Weibes, welche ihre Kleisdungsstücke im verkohlten Haus aufbewahrt hatte, verbrannten alle die selben.

Anmerkung: Wer das ursprüngliche Schreiben verfasste, war leider nicht zu erforschen.

Als der Heilige Georg seinen Kopf verlor

Die Pfarrkirche Sankt Margaretha ist seit mehr als 300 Jahren der Mittelpunkt des Dorfes Laub. Die Kreisstraße windet sich eng um den Friedhof, in dessen Mitte das Gotteshaus steht.

Bei einem heftigen Gewittersturm waren einige Dachziegel vom Kirchturmdach heruntergerissen worden und eine Reparatur stand an.

Oberhalb des Denkmals, das an die gefallenen Soldaten der beiden Weltkriege erinnert und zu friedlichem Miteinander im Großen wie im Kleinen mahnt, war der Sturmschaden entstanden.

Auf einer Rundsäule, die sich an die südliche Kirchturmwand anschmiegt, ist die Figur des Heiligen Georg zwischen den Gedenktafeln dargestellt.

Der furchtlose Ritter und heroische Kämpfer gegen einen unbezwingbar scheinenden Drachen gilt als Vorbild für Höflichkeit, Ritterlichkeit und Edelmut. Er zählt zu den 14 Nothelfern und ist auch auf dem Hochaltarbild der Lauber Pfarrkirche dargestellt.

Am Denkmal bezwingt Georg im ritterlichen Harnisch auf einem Pferd sitzend das Ungeheuer.

Aber nach diesem kurzen Exkurs zurück zu den anstehenden Reparaturarbeiten am Kirchendach. In Laub lebte damals ein Maurer und Landwirt, der zum einen schwindelfrei war und zum anderen gewissenhaft und handwerklich präzise zu arbeiten verstand.

Besagter Maurer wurde vom Pfarrer und der Kirchenverwaltung beauftragt, den entstandenen Schaden zu beheben.

So ging er alsbald daran, seinen Auftrag auszuführen. Natürlich wurde die unterhalb des Dachschadens liegende Stelle abgesperrt, konnte doch nicht ausgeschlossen werden, dass während der Reparaturarbeiten Ziegelbrocken herunterfielen und so eine große Gefahr darstellten.

Nach mehreren Stunden hatte der Handwerker seine Arbeit zufriedenstellend erledigt. Auch zeigte sich, dass die Absperrung notwendig war, denn tatsächlich waren einige Ziegel heruntergefallen.

Als nun der Maurer auf der Leiter nach unten stieg, kam auch schon der Pfarrer durch den kleinen Eingang der Friedhofmauer, der gegenüber dem Pfarrhaus liegt, um den Fortgang der Reparaturarbeiten zu begutachten.

Der Handwerker grüßte freundlich und meinte: „So Herr Pfarrer, jetzt ist alles wieder in Ordnung und Gott sei es gedankt, dass alles gut verlaufen ist."

Der Pfarrer nickte nachdenklich und meinte: „Ja ja, alles ist gut geworden."

Dann schaute er nach unten und sein fröhliches Gesicht legte sich in bedenkliche Falten und knirschte:

„Nur der Heilige Georg hat keinen Kopf mehr."

Dieser lag zwischen den Anpflanzungen die um das Denkmal grünten.

Ein herabfallender Dachziegel hatte den wackeren Heiligen brutal enthauptet.

Ein Handwerker wäre kein Fachmann, hätte er nicht auch für diese Misere eine Lösung anbieten können. Unverzüglich machte er sich ans Werk.

Mit einer Bohrwinde bohrte er ein tiefes Loch in den Halsstumpf des Enthaupteten. Er setzte den Kopf an seine angestammte Stelle und nahm genau Maß um auch in das Haupt des Heiligen ein tiefes Loch zu bohren.

Die im Hals angebrachte Bohrung füllte er nun mit Zementmörtel, ebenso zog er eine dünne Schicht über den Halsstumpf. Nun steckte er ein Rundeisenstück so in das mit Mörtel ausgefüllte Loch, dass dieses noch einige Zentimeter herausragte. Auch das Loch im Kopf des Ritters füllte er mit dünnem Mörtel.

Daraufhin stülpte er den Kopf über das herausragende Eisenstück am Hals des kopflosen Ritters. Mit dem Finger verstrich er den heraustretenden Mörtelbrei und hielt den Kopf solange fest bis er wieder fest auf dem Hals des Verunglückten saß.

Der Pfarrer staunte nicht schlecht, als er sich das Werk besah. Der Mörtel war ausgetrocknet und in seiner Farbe gleich dem Gestein des Ritters.

So meinte er anerkennend: „Das hätte ein Chirurg nicht besser gekonnt."

Man muss auch heute noch ganz genau hinschauen, um die „Narbe der Operation" zu erkennen.

Wer es nicht weiß, kann die Nahtstelle nur schwer erkennen, und seien sie ehrlich, ist es ihnen schon einmal aufgefallen?

Gute Nachbarschaften

Eine harmonische hilfsbereite Nachbarschaft war und ist auf dem Dorf besonders vorteihaft. Zwar gab es immer wieder Ausnahmen, denn es kam durchaus vor, dass sich aus Nichtigkeiten erbitterte Feindschaften entwickelten, die oft über mehrere Generationen hinweg nicht ausgeräumt werden konnten.

Von derlei Streitigkeiten will ich nicht erzählen, vielmehr möchte ich von einer vorbildlichen Hilfsbereitschaft berichten.

Ein Lauber erzählt, dass es bis weit in das 20. Jahrhundert hinein auf seinem Anwesen keinen Brunnen gab.

Eine zentrale, flächendeckende Wasserversorgung kam erst durch den Zweckverband der Rieswasserversorung zustande.

Sogar das Wasser zum Kochen oder zum Waschen der Wäsche und Arbeitskleidung musste von einem Nachbarn geholt werden.

Das Vieh wurde an die Rohrach getrieben, um die Tiere dort zu tränken. In den Wintermonaten wurde das Wasser für das Vieh in Eimern und Kannen vom Brunnen des Nachbarn geschöpft, desssen Gehöft auf der gegenüberliegenden Straßenseite lag.

Dieser Brunnen existiert noch heute. Es ist nicht bekannt, ob er trotz immer wieder auftretender Trockenperioden schon einmal versiegte.

In „der guten alten Zeit", die es, wie im Vorwort bereits erwähnt, freilich nie gegeben hat, war es ein beliebter Brauch, nach einem arbeitsreichen Tag im Hof des Nachbarn mit anderen zusammen zu sitzen und die Probleme, Ereignisse und Neuigkeiten zu bereden.

Die Veteranen, die im 1. Weltkrieg noch in den Krieg ziehen mussten, erzählten natürlich von ihren Erlebnissen und den schlimmen Erfahrungen, die sie in diesen Jahren machen mussten.

Als der Mann, auf dessen Hof kein Brunnen vorhanden war im Jahre 1937 sein Wohnhaus neu aufbaute, war der selbe Nachbar bereit, sein Wohngebäude während der Bauzeit zur Verfügung zu stellen, in seiner Küche kochen zu lassen und eine Kammer als Schlafstätte freizumachen. Zwar wohnte man in dieser Zeit auf engstem Raum, aber es hat funktioniert.

Als die Bauarbeiten begonnen werden sollten, gab es allerdings eine böse Überraschung. Die Maurer waren es gewohnt, am Nachmittag ein Vesperpause einzulegen. Dies taten sie seinerzeit aber nicht auf der Baustelle, sondern sie begaben sich in die Dorfwirtschaft. Dort sind sie dann auch an diesem Tag geblieben. Offenbar haben sie ihre Krüge mehrmals füllen lassen, und so dachten sie nicht daran, an ihren Arbeitsplatz zurückzukehren.

Bekannt war der Spruch: „Lieber soll die Welt verderben, als vor Durst ein Maurer sterben!"

Es gab auch einige Genossen dieser Zunft, die ein Trinkbedürfnis erst gar nicht aufkommen ließen, sondern sozusagen vorsorglich tranken. Für die Bauherrn war diese Unart der damaligen Maurer alles andere als angenehm. Die Bauarbeiten sollten ja möglichst außerhalb der Erntesaison vonstatten gehen.

Nun war es aber an der Zeit, die Wasserversorgung auf dem eigenen Hof zu ermöglichen. Im Jahre 1949 konnte ein Wünschelrutengänger, den es nach dem 2. Weltkrieg mit seiner Familie nach Laub verschlagen hatte, eine Stelle aufspüren, an der auf seinem Gehöft Wasseradern zu erwarten sein würden.

So ging man daran, mit Pickel, Schaufel und Spaten zu graben. Schon bald stieß man auf eine Schicht aus blauem Lehm (Letten). Dies ist nach gängiger Erfahrung ein Zeichen dafür, dass kein Wasser zu entdecken sein wird. Mit einem Eisenbohrer drang man in das lehmige Erdreich ein, bis eine Tiefe von cirka 6 Metern erreicht war. Der Bohrer musste immer wieder hochgezogen werden, um den Lehm aus den spiralförmigen Windungen des Bohrgerätes zu entfernen. Das Graben eines Brunnens war zur damaligen Zeit eine harte Knochenarbeit und nicht ungefährlich.

Am Ende blieb der Bohrer im blauen Lehm stecken und es war unmöglich, ihn vorwärts oder rückwärts zu drehen. Zu allem Unglück brach dieses Werkzeug auch noch ab und wurde unbrauchbar. Der Rutengänger ließ sich jedoch nicht beirren und war sich ganz sicher, dass man an dieser Stelle auf Wasser stoßen müsse. So entschloss sich der Landwirt, noch einen letzten Versuch zu unternehmen.

Vom Schmied des Dorfes ließ er eine dicke Eisenstange anspitzen und am oberen Ende eine Querstange zum Hin- und Herbewegen anschweißen. Mit diesem schweren Eisen drang er noch einmal 1,5 Meter in den wasserundurchlässigen Lehm ein.
Aber der Erfolg blieb aus. So zog er den Spezialbohrer wieder heraus.

Die Dämmerung hatte schon begonnen. Enttäuscht legte er für diesen Tag die Arbeit nieder. Als er am nächsten Tag, ohne große Hoffnung, in seinen Brunnenschacht hineinsah, traute er seinen Augen nicht. Das Wasser stand nur wenige Meter unter der Erdoberfläche. Die Hartnäckigkeit hatte sich am Ende doch gelohnt. Der Wünschelrutengänger hatte Recht behalten. Der Brunnen ist bis zum heutigen Tag nicht versiegt und lieferte auch in der längsten Trockenperiode des vergangenen Jahrhunderts ausreichend Wasser.

Wurzelstockversteigerung

In den meisten Häusern gab es zur Winterszeit außer der Küche, wo der Kochherd stand, nur einen beheizbaren Raum. Während sich in den Sommermonaten das Leben in der Küche abspielte, verlegte man den Aufenthalt im Winter in die Wohnstube.

Dort stand ein gemauerter Ofen mit einem eingebauten Backrohr. Die Rauchrohre gingen nicht direkt vom Ofen auf dem kürzesten Weg in den Kamin, sondern wurden bewusst hin und her geführt, um die Abwärme des Feuers besser zu nutzen.

Hinter dem Ofen war die Ofenbank eingebaut. Diese Bank war ein beliebter Platz, wenn man bei eisiger Außentemperatur von draußen in das Zimmer kam; dort war es besonders warm.

Manchmal wurde die Ofenbank auch dazu benutzt, um den Küken, seien es frischgeschlüpfte Gänse, Hühner oder Enten, eine möglichst große Überlebenschance zu ermöglichen.

Für die Kinder war es sehr interessant zuzusehen, wie ein Küken die Eierschale nach und nach durchbrach und ein genügend großes Loch gepickt hatte, um auszuschlüpfen. Schon nach wenigen Augenblicken liefen die frisch Geschlüpften umher und wussten auch schnell, wo Futter zu finden war.

Zentralheizungen gab es nicht. Als Brennmaterial wurde ausschließlich Holz verwendet. Manchmal wurden auch Briketts verschürt, besonders, wenn man außer Haus ging.

„Die halten lange an", war eine bekannte Redensart, was bedeutete, dass das Feuer lange nicht erlosch.

Die Wurzelstöcke von gefällten Bäumen waren ein begehrtes Heizmaterial. Man konnte sie ersteigern. Allerdings mussten diese selbst ausgegraben werden.

Bekannt war der Spruch: „Die machen dreimal warm: beim Ausgraben, beim Spalten und ein drittesmal beim Heizen."

Das Ausgraben war harte Knochenarbeit, und es bedurfte einer großen Erfahrung und Ausdauer, die Arbeiten auszuführen.

Eine Bestimmung der Baumarten ist bekanntlich nach der Wurzel-Tiefe möglich.

Tiefwurzelnde Bäume (Tiefwurzler): Bergahorn, Eiche, Esche, Kiefer, Tanne, Ulme und andere.

Flachwurzelnde Bäume (Flachwurzler): Apfelbaum, Birke, Douglasie, Eberesche/Vogelbeere, Feldahorn, Fichte, Hainbuche, Hasel-Baum, Lebensbaum/Thuja, Mehlbeere, Pappel, Rosskastanie, Silber-Pappel, Spitzahorn, Weide und andere.

Mit Spaten, Kreuzhacke und Schaufel wurde rund um den Wurzelstock ein möglichst tiefer Graben gezogen. Die freigelegten Wurzeln wurden mit der Axt durchtrennt.

Besonders schwierig war es, die Pfahlwurzel tiefwurzelnder Bäume zu durchtrennen, da die Arbeiter mit der Axt nicht weit ausholen konnten, um wirksame Schläge auszuführen. Oft konnte der Wurzelstock schon weit hin und her bewegt werden, aber die Pfahlwurzel hielt ihn weiterhin fest.

Hier zeigte der Wurzelstock seine erste „Heizkraft", denn die Ausgräber kamen trotz strenger Minustemperaturen gar arg ins Schwitzen.

Wenn die Arbeiter es endlich doch geschafft hatten, wurde das zurückgebliebene Erdloch zugeschüttet, der Wurzelstock grob vom anhaftenden Erdreich befreit, auf einen Wagen geladen und zum Hof transportiert.

Dort begann die zweite „Heizperiode".

Der Stock musste in ofengerechte Stücke zerlegt werden. Kettensägen gabe es noch nicht.
Die längeren Wurzeln wurden abgeschlagen und in brauchbare Längen zertrennt. Am Ende blieb ein mächtiger Klotz, dem mit Keilen und Holzschlegeln zu Leibe gerückt wurde.

Es war eine willkommene Abwechslung, wenn ein Nachbar vorbeikam, um den Fortgang der Arbeit zu kommentieren. Dies verschaffte die Möglichkeit, etwas zu verschnaufen und von der harten Tätigkeit auszuruhen.

Mit den aufmunternden Worten: „Lass dir nur Zeit, der läuft dir nicht weg!" verabschiedete sich der Ratgeber, um gemächlich seines Weges zu gehen.

War der Wurzelstock in ofengerechte Stücke zerlegt, wurden die Scheite aufgestapelt um auszutrocknen.

Erst ein Jahr danach konnten die Früchte der Knochenarbeit durch heimelige Wärme in der Wohnstube genossen werden.

Aber der nächste Winter kam so sicher wie das Amen in der Kirche, und so mussten erneut Wurzelstöcke ersteigert werden, für 2-3 Deutsche Mark für jeden Stock.

Das Schwarzhölzle

Zwischen dem westlichen Ortsausgang und dem Feldkreuz Richtung Wechingen befand sich noch bis in die Zeit der Flurbereinigung hinein ein kleines Waldgrundstück, das den Namen Schwarzhölzle hatte.

Woher sich dieser Name ableitet, darüber kann nur spekuliert werden.

Waren es die vielen Raben, die auf den hohen Bäumen nisteten? War es der in der Nähe befindliche sogenannte „Hexentanzplatz"?
Oder ist der Name darauf zurückzuführen, dass die Bäume einstmals ohne Genehmigung gepflanzt wurden?

Schlicht und einfach: Man weiß es nicht!

Ursprünglich gehörte dieses Wäldchen zur Gemeinde Wechingen.

Im Rahmen der Flurbereinigungsmaßnahmen, die 1966 in Laub begannen und durchgeführt wurden, kam das Gründstück zum Eigentum der Gemeinde Laub.

Die Bäume wurden gefällt, die Wurzelstöcke entfernt und die Fläche als landwirtschaftliche Fläche nutzbar gemacht.

Das Schwarzhölzle verschwand so aus dem Gedächtnis der Bevölkerung.

Es lohnt sich aber die Raben oder Krähen, die hier zuhauf nisteten, einer näheren Betrachtung zu unterziehen, waren doch die Rabennester für Dorfbuben in früheren Zeiten eine verlockende Herausforderung. PC's, Computerspiele und modere elektronische Ablenkungsspiele gab es damals noch nicht.

Ihre Nester bauen diese Vögel auf sehr hohen Bäumen, dazu noch zumeist möglichst weit weg vom Baumstamm. Für viele Buben, so auch in Laub, war es eine besondere Mut- und Geschicklichkeitsprobe, an ein Rabennest heranzukommen. Wem dies gelungen war, der hoffte natürlich, dass sich ein Gelege im Nest befand. Diese Eier wurden zum Beweis, dass man es geschafft hatte „geraubt". Nicht immer war es möglich, die Beute heil nach unten zu bringen. Oft musste die Unternehmung abgebrochen werden, weil die alten Raben Angriffe gegen die „Feinde" flogen.

Dazu ist anzumerken, dass Eier, Hühnereier natürlich, eine wichtige Einnahmequelle für die Bäuerinnen waren. So kamen Eier nur selten zum Verzehr auf die Speise-karte. Wenn man als Kind brav war, hatte man die Chance, am Geburts- oder Namenstag einen „Eierplatz" zu bekommen.

Rabeneier sind zum Verzehr geeignet, was den Anreiz, solche zu ergattern, natürlich noch verstärkte.

Warum gerade Rabennester so eine Anziehungskraft ausübten, mag auch an den uralten Geschichten, Mythen und Forschungen gelegen haben.

Auf einige davon möchte ich an dieser Stelle eingehen.

Einer wissenschaftlichen Untersuchung zufolge sind Raben und Krähen die Vögel mit der größten Intelligenz. Beispielsweise zeigen sie in Experimenten die Fähigkeit, komplexe Handlungen im Voraus zu planen. Beim Verstecken von Futter zeigen sie sowohl große Merkleistungen als auch die Fähigkeit, sich in andere hineinzuversetzen. Ein Rabe scheint zu wissen, dass ein Futterversteck nur dann sicher ist, wenn er beim Verstecken nicht beobachtet wird.

Zudem legen sie ein erstaunliches Lernverhalten an den Tag (z. B. Herstellung von Werkzeug, Nutzen des Straßenverkehrs zum Knacken von Nüssen und Früchten, wobei sie die von Autofahrern überfahrenen Nüsse aufsammeln.) Kurz, nachdem das Verhalten bei einem Individuum festgestellt worden war, wurde es auch in einem Radius von mehreren Kilometern um den Entdeckungsort herum beobachtet. Dies wird als Beweis für ein bisher ungeahnt schnelles Lernvermögen interpretiert.

Früher sah man sie häufig als Begleiter von Wölfen oder anderen Beutegreifern, um sich dann am Riss zu beteiligen, oder aber um zu stibitzen.

Die auffälligen Krähen und Raben spielen weltweit eine Rolle in Sagen und Märchen. Demnach haben alte Götter und Könige ihre Weisheit, Intelligenz und Flugfähigkeit genutzt. Parallel dazu spielen diese Vögel auch eine Rolle im Volks- und Aberglauben. In vielen Märchen

zum Beispiel ist häufig vom weisen Wanderer „röiven"
(altdeutsch) die Rede, welcher verirrten Wandersleuten
den richtigen Weg weist (und oft ein paar Tipps mit auf
die Reise gibt). Bekannt sind die Grimmschen Märchen,
„Die sieben Raben" und auch „Die Rabe", in dem ein
Mädchen, von seiner verärgerten Mutter, zu einem Raben
verwünscht wird

In der nordischen Mythologie symbolisiert der Rabe die
Weisheit, der Gott Odin hatte stets die beiden Kolkraben
Hugin und Munin bei sich, die auf seinen Schultern
saßen und ihm berichteten, was auf der Welt vor sich
ging.

König Artus soll in einen Raben verwandelt worden sein.
Dem griechischen Gott Apollon waren die Raben heilig.

In der Erzählung von der Sintflut lässt Noah einen Raben
fliegen. Der Prophet Elija wird, laut der Bibel, während
einer Hungerzeit von Raben versorgt.

In der babylonischen Version des Sintflut-Mythos, dem
Atraḫasis-Epos, sandte Atraḫasis nach dem Ende des
Regens drei Vögel aus: Eine Taube, eine Schwalbe und
einen Raben. Der Rabe kehrte nicht zurück, darum
wusste Atraḫasis, dass das Land wieder begehbar war.

Sowohl in der jüdisch-christlichen als auch in der älteren
babylonischen Version ist die Erde nach der Sintflut
„gefallen", was zum schlechten Image des Raben als
Unglücksvogel beitrug.

Nach der Christianisierung galt der Rabe in Europa aufgrund seiner mystischen Bedeutung bei den Vorgängerkulten aber als ein böses Tier. Im Mittelalter und später wurden die Leichen von Erhängten häufig nicht beerdigt, so wurde der Rabe sogar zum Galgenvogel.

Wir sehen, um diesen Vogel ranken sich viele Erzählungen und Geschichten.
Kein Wunder also, dass besonders Buben vor einigen Generationen diesen Tieren besonderes Interesse entgegenbrachten.

Wer heitere, gereimte Erzählungen über diese Vögel kennenlernen möchte, findet sie mit schönen Bildern versehen bei Wilhelm Busch.

Laub während der Nazi-Herrschaft und Nachkriegszeit

Am 30. Januar 1933 ernannte Reichspräsident Paul von Hindenburg Adolf Hitler zum Reichskanzler. Mit einer Welle des Terrors gegen Andersdenkende und dem 2. Weltkrieg erlebte Deutschland seine 12 schlimmsten Jahre.

Hitler sagte bei seiner ersten Rundfunkerklärung:
"So wird es die nationale Regierung als ihre oberste und erste Aufgabe ansehen, die geistige und willensmäßige Einheit unseres Volkes wieder herzustellen. Sie wird die Fundamente wahren und verteidigen, auf denen die Kraft unserer Nation beruht. Sie wird das Christentum als Basis unserer gesamten Moral, die Familie als Keimzelle unseres Volks- und Staatskörpers in ihren festen Schutz nehmen."

Doch schon bald zeigte die Naziregierung ihr wahres Gesicht. Per Notverordnung wurde am 4. Februar die Versammlungs- und Pressefreiheit weiter eingeschränkt und am 22. Februar bildete Göring in Preußen eine Hilfspolizei, deren Mitglieder aus SA, SS und "Stahlhelm" rekrutiert wurden, und ermunterte sie zum "fleißigen Gebrauch der Schusswaffe". Der schlimme Februar 1933 endete am 27. Februar mit dem Brand des Reichstagsgebäudes und am 28. Februar mit der Unterzeichnung der Notverordnungen durch Hindenburg, die mit sofortiger Kraft die Meinungs-, Presse- und

Versammlungsfreiheit noch weiter einschränkten und der Polizei weitreichende Befugnisse einräumten.
Sogar der "Vorwärts", die Parteizeitung der SPD, wurde vorläufig verboten..

Die Einschüchterung der Bevölkerung drang durch das ganze Land und zeitigte Auswirkungen bis hinein in die kleinsten Dörfer.

In Laub fand das nationalsozialistische Gedankengut nur zögerlich einen Nährboden, wenngleich einige Bürger sich von dessen Ideen infizieren ließen.

Mehrere junge Männer des Dorfes waren nicht bereit, die angeordneten vormilitärischen Erziehungsmaßnahmen freiwillig mitzumachen. Diese Verweigerung wurde von wem auch immer an die „Obrigkeit" gemeldet und diese reagierte prompt.

Die Burschen wurden amtlich aufgefordert, sich in Nördlingen beim Sturmbannführer, der sein Domizil in Nördlingen gegenüber des Postamtes eingerichtet hatte, anzutreten.

Die jungen Männer wurden von ihren Eltern angewiesen, dass sie aussagten, von sich aus die Übungen zu verweigern. Sie befürchteten nämlich, sicherlich nicht zu Unrecht, dass sie Repressalien ausgesetzt sein würden, wenn diese sich auf Druck der Eltern verweigerten.

Zu Fuß traten die Geladenen den cirka 4 km langen Weg zum Bahnhof nach Muttenau an. Es gab damals die

Bahnstrecke Wemding – Nördlingen mit den Stationen Wemding, Muttenau, Deiningen, Löpsingen und Nördlingen.

Mit äußerst gemischten Gefühlen musste nun jeder separat vor den Sturmbannführer in dessen Amtszimmer hintreten und Rede und Antwort leisten. Der Ton des Sturmbannführers stand den Attacken des berüchtigten Blutrichters Roland Freisler kaum nach. Er hatte offensichtlich die Absicht, die jungen Lauber Männer einzuschüchtern.

Als ein Verweigerer sicht traute, dem Sturmbannführer zu widersprechen brüllte dieser wie ein wildgewordenes Tier. Die im Vorraum Wartenden zuckten erschrocken zusammen. Dennoch, die Lauber blieben standhaft und waren auch nach den heftigen Kanonaden nicht bereit, freiwillig an den „angebotenen" Übungen teilzunehmen.

Aber es wurde bald zur Pflicht gemacht, dass zunächst alle Jugendlichen der Jahrgänge 1928/29 zu vormilitärischer Ausbildung herangezogen wurden. Die Übungen fanden in Wemding unterhalb der Robertshöhe statt.

Die Kirchenfeindlichkeit der nationalsozialistischen Regierung kam besonders dadurch zum Ausdruck, dass diese Veranstaltungen am Sonntagvormittag abgehalten wurden.

Der Großteil der Lauber Bevölkerung spürte instinktiv, dass die Politk von Adolf Hitler in das Unheil führen wird.

Erzählt wird die Geschichte eines fahrenden Händlers, der Pinsel, Haar- und Reinigungsbürsten feil bot. Lautstark verkündigte der Mann, als er durch die Straßen von Laub zog: „Leute kauft Bürsten, Pinsel und Kämme, es kommen lausige Zeiten."

In einem Rieser Dorf hat sich folgendes zugetragen:

Dorthin kam in regelmäßigen Abständen ein Händler, der Heringe einzeln aus einem Holzfass zum Verkauf anpries.

Sein Werbeslogan lautete:

„Heute gibt's Hering' so fett wie der Göring!"

Göring zählte zu den ranghöchsten Personen im Dritten Reich. Er war wohlbeleibt und die Uniform umspannte seine Körperfülle nur mühsam.

Der Werbespruch des fahrenden Händlers wurde nach oben gemeldet. Er wurde längere Zeit inhaftiert. Nach seiner Freilassung nahm er sein altes Gewerbe wieder auf und verkaufte Heringe vom Fass. Allerdings lautete sein Werbespruch nun etwas abgewandelt so:

„Leute kauft Heringe, so fett wie vor einem viertel Jahr!"

In wenigen Häusern gab es Rundfunkgeräte, sogenannte Volksempfänger. Sie dienten hauptsächlich der nationalsozialistischen Propaganda. Wenn bekannt wurde, dass der „Führer" reden wird, strömten viele zu den besagten Häusern, um seine Worte zu hören.

Manche waren begeistert, viele aber gingen mit sorgenvollen Gesichtern zurück. Ihre schlimmen Ahnungen bestätigten sich bald.

Am 1. September 1939 überfällt Hitler-Deutschland Polen. Bereits in den ersten Stunden zeigen sich wesentliche Elemente der NS-Kriegsführung: Militärtechnik, Lüge und Brutalität.

"Seit 5.45 Uhr wird jetzt zurückgeschossen!" Mit diesen Worten verkündet Adolf Hitler am 1. September 1939 im Reichstag den Angriff auf Polen. Die Begründung ist eine Lüge, der angebliche Überfall auf einen Rundfunksender im oberschlesischen Gleiwitz fingiert von Nazi-Schergen in polnischen Uniformen.

Bei seiner Rede, die im Radio übertragen wird, vermeidet Hitler das Wort "Krieg" - in der Hoffnung, dass die Westmächte Frankreich und Großbritannien stillhalten. Der Öffentlichkeit im In- und Ausland soll glaubhaft gemacht werden, dass der deutsche Angriff reine Selbstverteidigung sei. Mit dem "Feldzug" gegen Polen beginnt der Zweite Weltkrieg.

Die KWVO (**K**riegs**W**irtschafts**V**er**O**rdnung) war eine der sogenannten Schubladenverordnungen, die schon lange vor Beginn des Zweiten Weltkrieges von der Ministerialbürokratie entworfen worden waren. Bekannt geworden ist die KWVO als Zentralnorm der

Kriegswirtschaftsverbrechen der Sondergerichte und ahndete Schleichhandel, Hamstern, Schwarzschlachtungen, Lebensmittelkartenschwindel und Bezugsscheinbetrügereien.

In Deutschland/Österreich haben durch den Krieg insgesamt 7.000.000 Menschen ihr Leben verloren, was 9,5 % der Vorkriegsbevölkerung entspricht.
Davon militärische Verluste: 5.300.000 Verluste unter der Zivilbevölkerung: 1.700.000

Es ist die Pflicht nachkommender Generationen, die Schrecken des Krieges nicht in das Reich des Vergessens zu drängen.

Führen wir uns vor Augen:

Allein aus unserem Dorf Laub mussten viele Männer in den Krieg ziehen. Nach und nach wurden immer mehr Jahrgänge eingezogen. Im ersten Weltkrieg (1914-1918) mussten 22 Männer aus Laub ihr Leben lassen. Im zweiten Weltkrieg (1939-1945) sind 41 Männer gefallen, die meisten in Russland, oder sind bis zum heutigen Tag vermisst. Drei sind in den ersten Nachkriegsjahren an den Folgen ihrer Verletzungen oder an Erschöpfung gestorben. Das Schicksal und das Leid ihrer Mütter, Familien, Freunde, Bräute ist kaum zu ermessen.

In Errinnerung geblieben sind bei den älteren Dorfbewohnern Ereignisse, die sich am Ende des Krieges im Dorf abspielten.

Als die Amerikaner nach Laub kamen, befand sich in der Oberen Mühle noch eine Gruppe versprengter Soldaten.

Ob ein fanatischer Nazi-Offizier seinen Leuten den Befehl gab, nicht zu kapitulieren, ist nicht bekannt. Es kam zu einer heftigen Schießerei, bei der ein deutscher Soldat getötet und ein anderer verwundet wurde. Die überlebenden Männer gerieten in amerikanische Gefangenschaft.

Auf den Stadelwiesen und auf den Feldern in Richtung Ried mussten amerikanische Flugzeuge notlanden. Um die Piloten vor etwaigen Attacken der deutschen Feinde zu schützen, kreisten mehrere Stunden amerikanische Flugzeuge um das Dorf, bis sie die Besatzung der Maschinen ausfindig machen und retten konnten.

Nach Ende des Krieges fand die sogenannte Entnazifizierung statt.

Die US-Amerikaner betrieben in ihrer Besatzungszone zunächst selbst eine engagierte und sehr bürokratische Entnazifizierung. Von jedem Erwachsenen ließen die Amerikaner Bögen mit 131 von ihnen erstellten Fragen ausfüllen, was eine umfassende Entlassungspflicht ermöglichte. Bis Ende März 1946 wurden 1,26 von 1,39 Millionen Fragebogen durch die amerikanische Spezial-Behörde ausgewertet.

Die Bürger mussten nachweisen, dass sie keine leitenden Funktionen bei der Partei NSDAP hatten. Da man aber nicht sicher sein konnte, dass dieser Nachweis gelang, versteckten sich manche Männer in ihren Gehöften.

So erzählt ein Lauber Bürger, dass er sich im Verschlag des Heuaufzuges im elterlichen Anwesen verbarg.

Als kriegsschädliches Verhalten galt das Schwarzschlachten. Man sah dies als Sabotierung der Rationalisierungsmaßnahmen an, die die Versorgung der Bevölkerung garantieren sollte.

Aber die Bauern verstanden es immer wieder, mit der ihnen eigenen Schläue die Obrigkeit auszutricksen. Es war ein hohes Risiko, das Metzger und Landwirte eingegangen sind. Das Fleisch und die Würste wurden zum Teil für den Eigenbedarf, aber auch an Stadtleute, oder Verwandte und Bekannte „verhamstert".

Es wird erzählt, dass sich ein Lauber Bürger, er ist schon vor vielen Jahren verstorben, besondere Fähigkeiten entwickelte, die Verordnungen fintenreich zu umgehen.

Besagter Mann hatte Schinken, Kotelett, Blut-, Leberwurst und dergleichen geschickt verpackt und die Lebensmittel im „Dohler" unterhalb der in Laub als „Goasbrückle" bekannten Brücke versteckt. Seinen Abnehmern teilte er das Versteck mit und diese holten die überlebensnotwendigen Fleischwaren bei Nacht und Nebel dort ab.

Schwierig war es auch, die verbotenen Schwarzschlachtungen vor den Kindern geheim zu halten.

36

Die KWVO überstand den Zusammenbruch und wurde erst durch das Wirtschaftsstrafgesetz 1949 endgültig abgelöst. Auf dem Ernährungssektor galt die Organisation des „Reichsnährstandes" wenigstens in den ersten beiden Nachkriegsjahren in den Westzonen als unentbehrlich für die Aufrechterhaltung der Versorgung der Bevölkerung.

Am 22. Januar 1950 wurde die Lebensmittelrationierung aufgehoben. Zur Frage, ob die KWVO typisch nationalsozialistisches Recht ist, kann gesagt werden:

„Man kann keinesfalls ein Notdelikt, das manchmal über einen Mundraub nicht hinausgegangen ist, als Kriegswirtschaftsverbrechen betrachten. Die Menschen mussten Möglichkeiten schaffen über die Runden zu kommen und dazu galt, wenn auch nach damaligem Recht illegal:

"Not bricht Gebot".

Heimatvertriebene und Flüchtlinge

Die Massenflucht vor der Roten Armee und die anschließende Vertreibung der Deutschen aus Mittel- und Osteuropa brachte 1944 und 1945 knapp 700.000 Flüchtlinge nach Bayern, 1946 folgten etwa 800.000 Menschen. Insgesamt nahm Bayern bis 1950 1,8 Millionen Flüchtlinge und Vertriebene auf; ein Bevölkerungszuwachs um knapp 30 Prozent und ein Vielfaches der heutigen Flüchtlingszahlen.

Ein großes Problem stellte in den Nachkriegsjahren die Unterbringung der zahllosen Heimatvertriebenen dar.

Der Bürgermeister wurde gezwungen, für die Quartiere dieser Menschen zu sorgen. Wo immer Wohnraum vorhanden war, wurden die Vertriebenen zugewiesen.

Doch trotz der katastrophalen Voraussetzungen gelang die Integration – sehr viel besser, als notleidende Bürger und Politiker das in der unmittelbaren Nachkriegszeit zu hoffen wagten.

Ein ganz wesentliches Element war naturgemäß, dass die damaligen Flüchtlinge und Vertriebenen ungeachtet aller Anfeindungen und Diskriminierungen Deutsche waren und über ein vergleichbares, in vielen Fällen sogar höheres Bildungsniveau verfügten als die Einheimischen.

Ein weiterer Faktor: Zwang. Weder Bürger noch bayerische Behörden hatten ein Mittel des Widerstands gegen die Anordnungen der sogenannten „Wohnraumbe-wirtschaftung" des Alliierten Kontrollrats.

In Laub mussten Wohnräume für viele Familien gefunden werden.

Dies stellte für den Bürgermeister aber auch die Dorfbewohner eine enorme Herausforderung dar.

Auf engstem Raum lebten die Menschen in einem oder zwei Räumen zusammen und waren auf die Hilfe der Dorfbewohner angewiesen.

So wurde ihnen erlaubt, die nach der Ernte liegengebliebenen Ähren zu sammeln, um Mehl für das lebensnotwendige Brot zu haben. Wurde nach der Kartoffelernte ein Feld umgepflügt, gingen sie hinter dem Pflug her, um liegengebliebene Kartoffeln aufzulesen.

Am „Haggemer" Weg, dort, wo heute ein großer Reitstall steht, wurde den Vertriebenen Flächen zugewiesen, die als „Flüchtlingsgärten" bezeichnet wurden. In diesen Gärten konnten die Familien Gemüse, Kartoffeln und dergleichen anbauen.

Auch bis dahin im Dorf unbekannte Pflanzen wurden gesetzt, z.B Erdbeeren, denen man in Laub aus Unkenntnis lange Zeit den Namen Ananas gab. Auch Mohn und Tabak wurde angebaut.

Manche Einheimische erinnern sich noch, dass sie dort
hin und wieder diese aromatischen Früchte stibitzten,
die Mohnkapseln aufschlugen, die Körner in die hohle
Hand schütteten und mit der Zunge aufleckten.
Es war eben die Neugier und der Reiz des bis dato
Unbekannten.

So konnten die Einheimischen auch sehr viel von den
neuen Dorfbewohnern lernen.
War doch sogar einer unter ihnen, der es verstand, Uhren
zu reparieren.

Viele Frauen der Heimatvertriebenen beherrschten eine
besondere Fertigkeit: das Klöppeln. Diese hohe Kunst
brachten die Heimatvertriebenen mit nach Laub.

Die Herstellung der Handklöppelspitze beruht auf einem
systematischen Wechsel von Verdrehen – Verkreuzen –
Verknüpfen – Verschlingen von Fäden im Mehrfach-
system.

Es gibt Handklöppelspitze in folgenden Varianten:
Meterware, Einsätze, Deckchen, Kanten,
Schmuckelemente oder Accessoires, in der Mode und in
der Bildklöppelei.

Grundlage für die Fertigung einer jeden „echten Spitze"
bildet die Mustervorlage, der Klöppelbrief. Der Wert
eines Klöppelbriefs liegt in der künstlerischen Gestaltung
wie auch in der mathematischen und geometrischen
Berechnung – der Entwurf als hohe Kunst der
Gestaltung. Die Klöppelbriefe stehen im Urheberrecht.

Von der Vielzahl der Handklöppler gibt es nur sehr wenige, die in der Lage sind, neue Muster zu entwerfen und zu entwickeln. Diese Entwürfe sind und waren stets die Grundvoraussetzung für die Herstellung einer Handklöppelspitze.

Das so genannte „Wirtschaftswunder" trug erheblich zur Bewältigung der Probleme bei. Der einsetzende wirtschaftliche Boom der 50er-Jahre begünstigte die Integration ganz ungemein.

Oft fanden Familien erst im Verlauf der Zeit durch die Suchdienste des Roten Kreuzes wieder zusammen.

Ein Lauber Bürger erinnert sich:

In unserem Haus war eine Familie aus Schlesien untergebracht. Sie wurde aus ihrer Heimat vertrieben und wurde in unserem Haus einquartiert. Wir lebten auf engstem Raum zusammen. Während der Vertreibung wurde diese Familie auseinandergerissen. Vermißt wurde eine Tochter.

Wahrscheinlich war dies mit ein Grund, dass sie unbedingt zurückziehen wollten. Sie ließen sich nicht davon abbringen, die Sinnlosigkeit ihres Vorhabens aufzugeben. Also packten sie ihre wenigen Habseligkeiten auf einen Handkarren und zogen los.

Wenige Zeit später gelang es dem Suchdienst des Roten Kreuzes, die Tochter zum vermeintlichen Wohnort ihrer Eltern nach Laub zu bringen. Doch die waren nicht mehr da. Eine erneute Suche begann und schon bald konnten die Eltern des Mädchens nahe Schambach auf der Landstraße aufgegriffen werden. Es gelang nun, sie davon zu überzeugen, dass eine Rückkehr in ihre liebgewesene Heimat unmöglich geworden war. So kehrte die Familie mit der Tochter nach Laub zurück.

Die Vertriebenen mussten ein hartes Schicksal erdulden. Heimatlos geworden, von Hunger und Auszehrung geplagt. Oftmals mit Kleinkindern und wenigen Habseligkeiten unterwegs.

In vielen Fällen waren die Familien auseindergerissen worden. Sie wussten nicht, wohin es den Vater, den Sohn und andere Familienangehörige verschlagen hatte, oder ob sie überhaupt noch am Leben waren.

Es ging zunächst um die nackte Existenz.

Nicht in allen Häusern wurden die Menschen gerne aufgenommen. Meistens nicht deshalb, weil die Einwohner unbarmherzig gewesen wären. Sie hatten selbst mit den Lebensumständen zu kämpfen. Es kann aber nicht bestritten werden, dass viele Heimatvertriebene oder aus dem ostdeutschen Raum Geflüchtete herben Demütigungen ausgesetzt waren.

Manche Vertriebene gingen schon nach wenigen Jahren daran, Vorbereitungen für den Bau eines neuen eigenen Heimes zu schaffen. Tag für Tag gossen sie eine Zementmasse in besondere Formen und fertigten so die zum Hausbau nötigen Steine selbst.

Es ist schon bewundernswert, dass sie nach dem Verlust ihrer Heimat und ihrer ganzen Habe den Mut nicht verloren haben und wieder ganz von vorne anfingen.

Das Armenhaus

Im Armenhaus, das noch vor wenigen Jahren am östlichen Ortsausgang stand, fanden mehrere Parteien eine Bleibe. Sie verdingten sich bei den Bauern als Tagelöhner. Durch die räumliche Enge kam es bisweilen zu Streitigkeiten unter den Armenhausbewohnern. Sie hatten nur eine gemeinsame Toilette (Aborthäuschen), das etwas abseits des Hauses stand.

Aus einem Ziehbrunnen, der neben ihrer armseligen Behausung bestand, mussten sie sich mit Wasser versorgen.

Brennholz für die damals oft eisigen Winter konnten sie im Gemeindewald sammeln. Auf dem Rücken schleppten sie das Heizmaterial, aufgelesene Äste, Reisig und Tannenzapfen zu ihrer Behausung.

Aber es gab auch Menschen, die sich nicht mehr selbst versorgen konnten.

Sie wurden „umgeäst". Dies bedeutete, dass diese Personen jeden Tag in einem anderen Haushalt verköstigt werden mussten.

Das Armenhaus stand später längere Zeit leer und wurde schließlich abgerissen. Auf das Grunstück wurden Obstbäume gepflanzt.

Kirchliche Bräuche aus der Vergangenheit

Die sonntägliche Pflicht, am Tag des Herrn einen Gottesdienst mitzufeiern, wurde noch vor wenigen Generationen gewissenhaft erfüllt. Die Kirchenbänke waren zumeist voll besetzt.
Die Messe wurde am Hochaltar zelebriert.

Der Pfarrer stand mit dem Rücken zum Kirchenvolk. Die Gebete wurden in lateinischer Sprache gesprochen. Die Ministranten mussten mehre Gebete lateinisch beherrschen.
so z.B das „Confiteor" (Schuldbekenntnis), oder das „Suscipiat Dominus" (der Herr nehme das Opfer an..)

Das lateinische „Dominus vobiscum", oder in der deutschsprachigen Fassung „Der Herr sei mit euch" ist eine Akklamation in der christlichen Liturgie des römischen und des byzantinischen Ritus sowie in lutherischen Kirchen. Es ist ein Gruß und Segen des Liturgen an die Gemeinde und wird in der Heiligen Messe, der Göttlichen Liturgie und anderen Gottesdienstformen zur Einleitung einer priesterlichen Handlung genutzt.

Am Ende der Feier verabschiedete der Pfarrer die Gemeinde mit den Worten: „Pax vobiscum" beziehungsweise „Der Friede sei mit euch". Die Antwort der Gemeinde lautet jeweils „Et cum spiritu tuo" beziehungsweise „Und mit deinem Geiste".

Erst nach den Beschlüssen des 2. vatikanischen Konzils, das vom 11. Oktober 1962 bis zum 8. Dezember 1965 in Rom stattfand, wurde die Feier in den jeweiligen Landessprachen eingeführt. Ab dieser Zeit kamen die „Zelebrationsaltäre", auch Volksaltar genannt, auf. Der Pfarrer stand nunmehr dem Kirchenvolk von Angesicht zu Angesicht gegenüber.

Diese kurze Abschweifung soll nur die ehemalige Form der Eucharistiefeier in Erinnerung bringen.

Streng wurde darauf geachtet, dass auf der linken Seite die Frauen und Mädchen ihre Plätze einnahmen, während die Buben und Männer im rechten Kirchenschiff ihre Bänke hatten.

Gewohnheitsmäßig hatte jedes Mitglied der Gemeinde einen festen Platz in einer bestimmten Bankreihe. So ist es sofort aufgefallen, wenn eine Banknachbarin, oder ein Banknachbar nicht anwesend war. Man erkundigte sich nach dem Gottesdienst, ob Er oder Sie vielleicht krank oder gar verreist sei.

Die Kleinsten waren in der ersten Bank zu finden.
Je nach Altersstufe rückten sie Jahr um Jahr eine Bank weiter nach hinten.

Auf der Empore waren hauptsächlich die jungen Männer und Honoratioren zu sehen. Natürlich war ein festgelegter Platz für den Kirchenchor reserviert.

Drei Plätze auf der Empore am „Kranz" (Brüstung der Empore) waren besonders begehrt. Hatte man doch von dort einen guten Überblick über die im Gebet versammelte Gemeinde. Damit es bei der Belegung dieser bevorzugten Plätze nicht zu Zwistigkeiten kam, wurden diese Plätze versteigert.

Es war zweifellos eine Frage des Prestiges, einen solchen Platz zu ergattern. Knechte oder „Fretter" (Kleinbauern) hatten kaum eine Chance, das Privileg eines „Kranzplatzes" zu erlangen. Der Erlös aus einer solchen Aktion kam der Kirchenstiftung und somit dem Erhalt der Kirche zu gute.

Das Recht, einen ersteigerten Platz zu belegen, galt jeweils für ein Jahr.

Frauen, ausgenommen Mitglieder des Kirchenchores, hatten auf der Empore nichts zu suchen.

Ergänzend möchte ich noch hinzufügen, dass das Opfergeld mit dem Klingelbeutel eingesammelt wurde.

Der Mesner ging mit diesem Utensil, einem an einer langen Stange befestigten, meist aus samtigem Stoff bestehenden Beutel, an dessen unterem Ende eine kleines Glöckchen angenäht war, durch den Gang. Diesen Beutel hielt er jedem Gottesdienstbesucher, der ein bestimmtes Alter erreicht hatte, unter die Nase. Es war dann natürlich peinlich, wenn man kein Opfergeld eingesteckt hatte. Manch einer half sich aus der Misere, indem er einfach einen Hosen- oder Jackenknopf abriss und diesen in den Beutel warf.

Seinen Nachbar konnte er damit täuschen, -- Gott aber nicht --.

Oft war ein neuer Knopf, der genau dem abgerissenen glich, nur schwer zu finden. Zudem war ein solcher meist teurer als das eingesparte Opfer.

Kirchenwache

Nach Ende des 2. Weltkrieges waren viele Menschen heimatlos geworden. Die Dorfgemeinschaften befürchteten Diebstähle und dergleichen mehr.

Daher wurden aus den Familien reihum kräftige Männer vom Bürgermeister und Gemeinderat verpflichtet, besonders während der Gottesdienste die sogenannte Kirchenwache zu halten.

Dazu patroullierten jeweils Männer mit Stöcken durch das Dorf, um auffällige fremde Personen zu beobachten und nötigenfalls an geplantem, schändlichem Tun zu hindern. In der Nacht mussten 4 Wächter durch das Dorf ziehen. Der Dienst musste abwechselnd von verschiedenen Einwohnern versehen werden.

So wollte man sicherstellen, dass keine Fremden in den Ort kommen und den Gottesdienst oder die Nachtstunden nutzen, um in Häuser einzubrechen.

Es war damals eine Selbstverständlichkeit, dass sich an Sonn- und Feiertagen die ganze Gemeinde im Gotteshaus zusammenfand. Lediglich Kranke und Gebrechliche oder Kleinstkinder blieben in den Wohnungen.

Gleichzeitig hatte man mit der Kirchenwache auch eine soziale Kontrolle. So fiel es gleich auf, wenn jemand nicht zur Kirche ging oder gar während des Gottesdienstes auch noch auf dem Hof arbeitete.

Kirchenwachen gab es früher sicher auch in anderen Dörfern.

Es ist nicht bekannt, ob die besagten „Kirchenwächter" einmal ihres Amtes walten mussten.

Vielleicht finden wir heute diese Vorsichtsmaßnahmen übertrieben, aber die Sorgen, dass das Wenige, das vorhanden war, eventuell gestohlen werden könnte, waren eben groß.

Oft war ein Zugang über die Stallungen und Scheunen in die Wohnungen leicht möglich.

Zudem sorgten die nächtlichen Patrouillien dafür, dass ausbrechende Brände frühzeitig erkannt wurden. Den baulichen Brandschutz, so wie wir ihn heute kennen, gab es noch nicht. In den Haushalten gab es noch offene Feuerstellen.

Dass Fremde zunächst einmal mit Skepsis und Vorsicht beäugt wurden, lag sicher auch an den turbulenten Nachkriegsjahren.

Der erste Fernseher in Laub

Die ersten Fernseher gab es in Deutschland im Jahre 1939.
Diese Geräte waren aber nur für wenige erschwinglich.
Es wurden auch nur 50 Geräte hergestellt, da kurze Zeit später der Zweite Weltkrieg ausbrach.

Nach der Zwangspause während des Zweiten Weltkrieges gab es in Deutschland erst ab dem Jahr 1950 wieder erste Fernseher, über welche ein noch nicht regelmäßig gesendetes Fernsehprogramm zu empfangen war.

Erst zwei Jahre später wurde in Deutschland ein regelmäßiges Fernsehprogramm ausgestrahlt. Höhepunkt der Fernsehgeschichte war 1954 natürlich die Übertragung der Fußball-Weltmeisterschaft, bei der das deutsche Team beim Endspiel gegen Ungarn in Bern 3:2 gewann.

Beliebt waren die Sendungen: „77 Sunset Strip", „Adrian, der Tulpendieb", „Abenteuer unter Wasser", "Don Camillo und Peppone", und viele weitere.

Die genaue Jahreszahl, wann der erste Fernseher in Laub Einzug hielt, ist leider nicht sicher zu ermitteln.

Bekannt ist aber folgende Geschichte.

Eine Familie, deren Wohnhaus sich an der Rohrach befand, leistete sich diesen „Luxus".

Es wundert nicht, dass viele Kinder und Jugendliche im besagten Wohnhaus einkehrten, um das technische Novum zu betrachten. Es war bekannt, dass die Haustüre immer offenstand und die Eigentümer sehr gastfreundlich waren.

Es gab zunächst nur das Fernseh-Programm ARD. An diesem Tag waren besonders viele gekommen, um sich eine Sendung anzusehen. Stühle und Bänke reichten nicht aus, so mussten auch die Fensterbänke als Sitzplätze dienen.

Als der Hausherr am späten Nachmittag in die Stube kam, um Brotzeit zu machen, war kein Platz mehr frei.

Schlimmer aber war, dass die Brotzeit, die seine Frau schon bereitgestellt hatte, unauffindbar war. Schubladen und Schranktüren wurden geöffnet, der Fußboden wurde inspiziert und an allen möglichen und unmöglichen Stellen wurde gesucht. Die Wurst samt Brot und Vesperbrett blieben verschwunden.

Da kam dem Hausherrn der Gedanke, dass alle Gäste aufstehen sollten. Und siehe da, das Vesperbrett samt Wurst und Brot kam zum Vorschein. Ein Kind hatte sich gedankenlos darauf gesetzt.

Nun rückte man einfach noch enger zusammen, ein Stuhl wurde frei und der Mann konnte seine wohlverdiente Stärkung, verzehren.

So bleibt nur noch anzumerken:

Er hatte auch noch Humor genug, um über die Angelegenheit herzlich zu lachen und die angewärmte Vesperplatte mit Genuss zu verspeisen.

Welche Fazination das Fernsehen damals auslöste, kann auch folgende Begebenheit verdeutlichen.

Es gibt in Laub schon eine Jahrzehnte während Tradition, dass meist zum Jahreswechsel von einer Laienspielergruppe ein Theaterstück aufgeführt wird. Dieser Brauch ist fest im Dorfleben verankert und hat sich bis zum heutigen Tag erhalten.

Oft handelte es sich um Wilderergeschichten, eheliche Streitigkeiten, oder auch um Liebschaften junger Leute, denen die Planungen ihrer Eltern zuwiderliefen. Die Bühne war früher im Saal der Dorfwirtschaft, der sich im Obergeschoß befand, aufgebaut.

Einmal stand die spannende Geschichte eines Wilderers, der die Tochter des Förster liebte, auf dem Programm.

Ein junger Lauber hatte die Rolle des verwegenen Wilderers zu verkörpern. Diese Aufgabe war ihm wie auf den Leib geschnitten. Das Drama sollte in drei Aufzügen über die Bühne gehen.

Da der „Wilderer" im zweiten Akt keinen Auftritt hatte, nutzte er die Pause, um das Gasthaus zu verlassen.

Als die Regie am Ende des zweiten Aktes bemerkte, dass die Hauptperson verschwunden war, wurde sie und die

ganze Spielerschar zunehmend nervöser. Noch hoffte
man, ihn in der Wirtsstube zu finden, war er doch dafür
bekannt, dass ihn immer wieder der Durst quälte.

Aber da war er nicht. Auch auf der Toilette war er nicht
zu finden. Die Minuten verrannen und das Publikum im
Saal fing an zu raunen.

Da kam einem Mitspieler die Idee, dass der „Wilderer"
immer wieder von einer spannenden Fernsehserie
erzählte, die ausgerechnet heute gesendet würde.

Damals kannte man im Dorf jeden Haushalt, in dem ein
Fernseh-Apparat installiert war. Also klapperte man diese
Häuser ab und wurde auch bald fündig:

Im Nachbarhaus der Wirtschaft hatten die Suchenden
Erfolg.
Der „Wilderer" saß seelenruhig auf dem Canapè und
verzehrte mit sichtlichem Genuss das weihnachtliche
Gebäck, das ihm angeboten worden war. Seine
Schauspielrolle hatte er völlig vergessen.

Eiligst kehrten die Sucher und der Gefundene zum Ort
der Aufführung zurück.

Der „Wilderer" gab sich nun große Mühe, sein Verhalten
auszubügeln. Die Spannung im Saal wuchs von Szene zu
Szene
immer mehr an. Am Ende, das Drama hatte ein
glückliches Ende gefunden, belohnte das Publikum die
Darbietung mit großem Applaus.

Warum zwischen dem zweiten und dritten Akt eine so große Pause lag, wurde dem Publikum freilich erst viel später bekannt.

Der Krauthobler kommt

Sauerkraut zählte vor den beiden Weltkriegen aber auch noch lange Zeit danach zu den Hauptnahrungsmitteln in bäuerlich geprägten Gegenden.

In fast allen Haushaltungen gab es eine Krautskufe, ein hölzernes stehendes Fass, das mit einem Holzdeckel verschlossen werden konnte. Es gab in Laub zwei Personen, die einen Krauthobel besaßen. Diese Männer wurden bestellt, um die geernteten Weißkrautköpfe fein zu hobeln.

Meist wurde der Küchentisch zur Seite geschoben und ein sauberes Leintuch auf den Boden gebreitet. Nachdem der Strunk mit einem entsprechenden Werkzeug aus den Krautsköpfen herausgestochen war, konnte der Krauthobler mit seiner Arbeit beginnen.

 Die fein gehobelten Köpfe wurden in die Krautskufe geschüttet, mit reichlich Salz gewürzt und je nach Geschmack mit Kümmel und Wacholderbeeren verfeinert. Erlaubt war, was schmeckt.

Meist wurde ein 6-12 jähriger Junge dazu auserkoren, das Kraut, das nach und nach in die Kufe geschüttet wurde, einzustampfen. Nachdem er seine Füße gründlich gewaschen hatte, wurde dieser in die Kufe gestellt.

War der „Einstampfer" noch klein, schaute zunächst nur der Kopf aus der Kufe heraus.

Anschließend wird die erste Schicht des gehobelten Krautes im Gärbehälter mit Salz, Kümmel und Wacholderbeeren bestreut und gestampft. Und zwar so lange, bis die austretende Flüssigkeit die Krautschicht bedeckt. Dieses Vorgehen wiederholt sich von Schicht zu Schicht – bis das gesamte Kraut aufgebraucht ist. Während der Gärzeit wird das Gefäß in einem warmen Ort aufbewahrt

Anschließend wird die letzte Schicht mit den zur Seite gelegten ganzen Kohlblättern bedeckt. Darauf kommt das saubere Tuch. Dann wird der Sauerkrauttopf mit dem Brett luftdicht abgedeckt und mit einem Stein beschwert. Es musste generell darauf geachtet werden, dass während des Gärprozesses keine Luft in den Behälter gelangen konnte, denn die Luft würde die Milchsäuregärung verhindern. Je nach Gärtemperatur dauert der Gärprozess zwischen drei und sechs Wochen. Während der Gärung steht die „Krautskufe" in einem warmen Raum. Zum Lagern kommt der Behälter an einen kühlen und dunklen Ort.

Danach ist das Sauerkraut verzehrbereit und kann portionsweise aus dem Behälter entnommen werden. Zubereitet werden kann das Sauerkraut auf unterschiedlichste Art und Weise.

Aus Sauerkraut lässt sich beispielsweise vorzüglich Suppe, Auflauf, Eintopf oder Salat fertigen. Ebenso gut schmeckt es süß-sauer oder scharf angemacht – den Verwendungsmöglichkeiten sind keine Grenzen gesetzt.

Bekannt ist die Klage einer Bäuerin:

„Mein Mann, die gute Haut, ißt nur das Fleisch, mir bleibt das Kraut."

Die listenreiche Lauberin

Ein großer Unterschied bestand in der Kleidung zwischen Sonntehäs und Werktehäs (Sonntagskleidung und Werktagskleidung).

Die Sonntagskleidung wurde ganz besonders gepflegt und sorgsam behandelt. Dennoch ließ es sich nicht vermeiden, dass manche Frauen nach einigen Jahren ein neues Sonntagskleid brauchten, sei es, weil das alte Gewand zu eng geworden, oder eben doch schon sehr abgetragen aussah. Vielleicht hat auch die Tatsache, dass die Nachbarin in einem neuen Kleid gesichtet wurde, die Kaufentscheidung beschleunigt.

Wie dem auch sei, eine Lauber Bäuerin fuhr mit dem Fahrrad nach Wemding, um nach einer neuen Sonntagsmontur Ausschau zu halten. Es gab damals in Wemding noch mehrere Geschäfte, die Textilien anboten.

Die Bäuerin war aber sehr kritisch. Mal passte die Farbe nicht, dann legte sich der Kragen nicht so an, wie sie es sich gewünscht hatte. Das nächste Kleid war zu eng, ein anderes zu weit und bei einem Dritten war der Ausschnitt nicht sittsam genug. Beim nächsten waren die Gürtelschlaufen nicht genau in der Taille angenäht usw.

Die Geschäftsinhaberin bediente persönlich und versuchte, die Kundin zum Kauf zu überreden.

Das bemerkte natürlich auch die Lauber Bäuerin und überlegte fieberhaft, wie sie sich aus den Fängen der aufdringlichen Chefin befreien könnte. Einfach so zu gehen und nichts gekauft zu haben war ihr peinlich. Andererseits etwas zu kaufen, das nicht gefiel oder nicht so recht passte, dafür war ihr das hart ersparte Geld zu schade.

Also ersann sie eine List und sagte:
„Im Schaufenster habe ich ein Kleid gesehen, das meinen Vorstellungen entspricht."

Die Firmeninhaberin, schon etwas genervt fragte zurück:
„Welches meinen sie denn, im Fenster sind mehrere Kleider dekoriert."

„So genau kann ich Ihnen das nicht beschreiben, aber ich gehe nach draußen und wenn sie im Geschäft bleiben, werde ich es Ihnen zeigen."

Damit war die Chefin einverstanden. Sie schaute vom Laden aus in das Schaufenster und wartete, bis die „anspruchsvolle Kundin" vor dem Fenster auftauchte.

Aber sie wartete vergeblich.

Die Bäuerin hatte sich eilig auf ihren Drahtesel gesetzt und ist sofort Richtung Heimat geradelt.

Der uneinsichtige Sünder

Mehrmals hat mir ein alter Mann aus Laub, er ist schon vor vielen Jahren verstorben, folgende Geschichte erzählt. Woher seine Kenntnisse stammten, hat er mir allerdings nicht verraten.

Ein gewisser Mann aus Laub hatte wohl ein größeres Unrecht begangen. Einerseits plagte ihn sein Gewissen, andererseits war er jedoch fest überzeugt, dass er richtig gehandelt hatte.

Was liegt in solch einer Situation näher, als sich einem Menschen anzuvertrauen. Da kam ihm der Religions-unterricht aus seiner Schulzeit, der freilich Jahrzehnte zurücklag, in den Sinn.

Wem ihr die Sünden vergeben werdet, denen sind sie vergeben, und denen ihr sie behalten werdet, denen sind sie behalten.

So lautete das Bibel-Zitat, das ihm im Gedächtnis verankert geblieben war.

Was tut also ein Christenmensch in so einer Situation? Er beichtet.

Aber den Dorfpfarrer wollte er dafür nicht kontaktieren. Nicht etwa, weil er den Geistlichen schonen wollte, sondern weil der eben auch nicht alles über ihn zu wissen braucht. Schließlich kannte der Ortspfarrer ihn sehr gut und hatte, das glaubte er sicher zu wissen, eine sehr hohe

Meinung von ihm. Diese Wertschätzung sollte beim Seelsorger nicht gemindert werden.

In solch einer Lage war die Beichte bei einem fremden Pfarrer oder Ordensmann vorzuziehen.

Im Kapuzinerkloster in Wemding wollte er seine aufgeladene Schuld bekennen. Seine füchsische Schlauheit ließ ihn planen, den Beichtstuhl des Kapuziners aufzusuchen, der, wie allgemein bekannt, schwerhörig war.

Aber der Mensch denkt und Gott lenkt.

Ausgerechnet an diesem Sonntagmorgen saß ein fremder Beichtvater im Beichtstuhl, in dem, wie alle wussten, sonst der schon in die Jahre gekommene, schwerhörige Pater saß.

Frei, wenn auch im Flüsterton, bekannte der Sünder seine schwere Verfehlung. Am Ende fügte er noch an, dass es dem, na ja nennen wir ihn Fridolin, gerade recht geschehen ist und dass er im Grunde natürlich recht gehandelt habe.

Der Beichtvater gab nun zu bedenken, dass zur Vergebung die aufrichtige Reue des Sünders gehöre. Ebenso wichtig sei der feste Vorsatz, das begangene Unrecht wieder gut zu machen.

Diese Meinung teilte der Beichtende aber nicht.

Es begann eine Diskussion, wie sie an diesem geheimnisvollen Ort für gewöhnlich nicht vorkommt.

Der Pater verweigerte die Absolution des Mannes.

„Warum geht das nicht?" fragte sein aufgebrachtes Gegenüber.

Weil zur Sündenvergebung die Reue und der feste Vorsatz der Wiedergutmachung gehöre, bekam er erneut zur Antwort. „Beide sind bei Ihnen nicht vorhanden", belehrte der Ordensmann den Uneinsichtigen weiter.

„Ich kann ihnen die Absolution nicht erteilen!"

Dies war sein letztes Wort.

Zornig knirrschte der Mann zurück:

„Warom hockschn do rei wann doch nix kasch",
(warum sitzt du hier drin, wenn du nichts kannst)
und verließ zornig und unchristlich fluchend den Ort der Sündenvergebung.

Ereignisreiche Jahre

Es gab wohl kaum ein Jahrzehnt, in dem so einschneidende Veränderungen in Laub stattfanden wie in der Zeit zwischen 1960 und 1980.

1962 wurde mit der Kanalerneuerung begonnen. Bis dahin wurde das Abwasser in ein offenes Grabensystem eingeleitet. Im Mitteldorf waren die Abwassergräben bereits verrohrt. Die offenen Gräben waren mit Halbschalen aus Beton befestigt. Eine Kläranlage gab es noch nicht. Freilich darf dabei nicht vergessen werden, dass sich nahezu in allen Anwesen eine Güllegrube befand, in die die tierischen und menschlichen Fäkalien geleitet wurden.

Der Bau einer Kläranlage wurde immer zwingender und von der Aufsichtsbehörde gefordert.
Zunächst gab es Schwierigkeiten, ein geeignetes Grundstück zu finden. Der Plan, dieses Bauwerk in „Baders Garten" zu erstellen, wurde wieder verworfen. Die Nähe zum Dorf sprach zwingend dagegen. Ein anderes geeignetes Gelände wurde ins Auge gefasst. Verhandlungen mit dem Grunstückseigentümer waren äußerst problematisch, war doch die benötigte Fläche im Besitz der Kirchenstiftung. Nur ungern verkauft die Kirche ihre Grundstücke. Dies wird vor allem damit begründet, dass die Kirchensteuer immer mehr kritisiert wird und offensichtlich Bestrebungen im Gange seien diese Steuer abzuschaffen. Fiele die Einnahmequelle aus verpachteten Grundstücken weg, blieben den Kirchen nur Einnahmen aus Spenden.

Warum gibt es sie überhaupt, die „Kirchensteuer"?
Zuerst: diese Steuer ist keineswegs eine Erfindung der
Kirchen.

Nach dem Krieg gegen Napoleon wurde die Kirche auf
deutschem Gebiet im Jahr 1803 enteignet. Ihr gesamter
Besitz, alle Ländereien und Gebäude mit Inventar, ging
an die Reichsfürsten, während diese ihre eigenen Güter
an Frankreich abtreten mussten.

Im Zuge der Säkularisation („Verweltlichung des
Besitzes", also Enteignung) mussten sich die Länder
verpflichten, die Versorgung der Kirchen zu übernehmen.
Dem 1871 gegründeten Deutschen Reich wurde die
finanzielle Unterstützung jedoch bald zu teuer. So führte
der Staat schließlich die Kirchensteuer ein. Die Steuer
wird heute noch vom Finanzamt eingezogen.

Die Kirche zahlt dem Staat für diese Dienstleistung etwa
drei Prozent des Steueraufkommens. Ein Vorteil für beide
Seiten: Die Miterledigung der Kirchensteuer bedeutet
keine große Mehrarbeit für den Staat, der durch die
Gebühr einen hohen Gewinn erzielt. Für die Kirche ist
diese Lösung wesentlich billiger als der Aufbau einer
eigenen Steuerbehörde.

Die Flurbereinigung, die für Laub 1964 angeordnet
wurde und 1966 begann, schuf die Chance, die
Grundstücke neu zu ordnen. So konnten auch die
Verhandlungen mit der Kirche zu einem, für beide Seiten
zufriedenstellenden Ergebnis zu Ende gebracht werden.

Im Jahre 1969 konnte mit dem Bau der Kläranlage, nebenbei bemerkt in Eigenregie, begonnen werden. Die Anlage wurde bereits mit einer betonierten Wanne erstellt, was durchaus nicht als Selbstverständlichkeit betrachtet werden darf. Manche umliegenden Gemeinden hatten sich damals für kostengünstigere Holzplankenbauweise entschieden. Die Kläranlage befindet sich heute noch an dieser Stelle. 1993 wurde die Anlage auf den neuesten Stand der Technik gebracht.

Nachdem die Kanalisierungsarbeiten entlang der Dorfstraße abgeschlossen und die Rohre für die Wasserversorgung verlegt waren, wurde die Dorfstraße asphaltiert.
Dies geschah gerade noch rechtzeitig vor dem anstehenden Kirchenjubiläum im Jahre 1963.
Die Pfarrkirche Sankt Margaretha konnte in diesem Jahr ihren 250. Geburtstag feiern.

Im „Rohribach" begannen die Kanalarbeiten im Jahre 1964. Hier sorgte der Wintereinbruch zu einer langanhaltenden Verzögerung der Baumaßnahmen. Die Gräben waren bereits ausgehoben. So konnten die Anlieger mehrere Monate mit ihren Fuhrwerken weder aus ihren Gehöften hinaus- noch hineinfahren. Trotz heftigem Schneetreiben wurden die Arbeiten im Jahre 1966 mit der Asphaltierung der Straße abgeschlossen.

Es darf nicht unerwähnt bleiben, dass das von der Gemeinde großzüg zur Vefügung gestellte Sportgelände ohne Flurbereinigung kaum zu realisieren gewesen wäre. Zwar ist die gesamte Fläche im Eigentum

der Gemeinde geblieben, wird jedoch dem Lauber Sportverein kostenlos zur Verfügung gestellt.
Der Verein wurde im Jahre 1971 gegründet.
Sollte sich der Verein, aus welchen Gründen auch immer, einmal auflösen, fällt die Liegenschaft an die Gemeinde zurück.

Das im Jahre 1976 in vielen freiwilligen Arbeitsstunden errichtete Sportheim ist Eigentum des LSV. Die Nähe der Sportanlagen und des Vereinsheimes zum Ort hat mit dazu beigetragen, dass sich das Vereinsheim zu einem beliebten Treffpunkt, nicht nur für Fußballfreunde, entwickeln konnte.
So großzügig angelegte Sportanlagen mit angrenzendem Kinderspielplatz, wie sie in Laub in absoluter Dorfnähe entstanden, sind nur in wenigen Ortschaften des Rieses anzutreffen.
Dass für die Sportanlage wertvolles Ackerland im Zuge der Flurbereinigung bereitgestellt werden sollte, löste im damaligen Gemeinderat heftige Diskussionen aus.
Am Ende brachte die Abstimmung ein denkbar knappes Ergebnis:
4 Räte stimmten dafür und 3 waren dagegen.

Die Errichtung des „Nuigrabens" (Neugraben) brachte Probleme mit sich. Über den „alten Graben" gibt es keine Dokumentation, die über Entstehung, Unterhaltspflicht und rechtlichen Belange Aufschluss gegeben hätte. Die Errichtung des neuen Grabens, der die gefürchtete Hochwassergefahr besonders im „Rohribach" weitestgehend bannen sollte, war nicht ohne Grundstückseigner zu lösen.

Dies bringt einmal mehr in das Bewusstsein, dass
schriftliche Aufzeichnungen wichtig sind. Mündliche
Vereinbarungen gehen oft schon nach wenigen
Generationen verloren.

Der neue Graben, der einen trapezförmigen Querschnitt
aufweist, kann bei Hochwassergefahr um ein Vielfaches
mehr an Wasser aufnehmen und um das Dorf
herumleiten, als es der frühere Wasserlauf vermochte.
Um die Sanierung des neuen Wasserlaufes zu realisieren,
mussten mit der Nachbargemeinde Schwörsheim
Vereinbarungen getroffen werden. Das flach ausladende
neue Wasserbett erforderte landwirtschaftliche Flächen,
die außerhalb der Lauber Flur waren.
Im Zuge der Flurbereinigung konnte dieses Problem
angegangen und zu einem erfolgreichen Ende gebracht
werden.

Viele Feldwege wurden im Rahmen der Flurbereinigung
ausgebaut und auch asphaltiert.

Der „Wemdinger Weg" existiert dagegen nicht mehr. Er
verlief vom östlichen Ortsrand direkt auf die kleine
Kapelle vor Amerbacher-Kreuth zu.

Die Sanierungen der Rohrrachbrücken waren weitere
wichtige Projekte, die in den 1970er Jahren
angegangen worden sind.

Phänomen Landflucht

Bereits seit vielen Jahren veröffentlichen Experten in regelmäßigen Abständen erschreckende Prognosen. Die deutsche Bevölkerung wird nicht nur zunehmend älter und es fehlt an allen Ecken und Enden an Fachkräften. Es tritt zudem mehr und mehr ein Phänomen auf, das man nach den Zeiten der Industrialisierung überwunden geglaubt hatte: die Landflucht.

Warum „fliehen" die Menschen in die Stadt?

Nun stellt sich die Frage, wo die Gründe dafür liegen, dass immer mehr Menschen vom Land in die Stadt ziehen. Lange Zeit meinte man, dass überwiegend junge Menschen dem Leben in der Stadt den Vorzug geben. Ein häufig genanntes Motiv ist die Bildung. Viele junge Leute, die die Schule besucht hatten, zieht es zum Studium in größere Universitätsstädte. Und auch der Einstieg ins Berufsleben scheint in den Metropolen leichter zu fallen. Doch in den letzten Jahren zeigt sich außerdem, dass auch ältere Menschen das ländliche Idyll verlassen, um ihren Lebensabend in der Stadt zu verbringen. Während früher in der Regel eines der Kinder das elterliche Anwesen und damit auch die Pflege der Eltern übernahm, sind alte Menschen heutzutage häufig auf fremde Hilfe angewiesen. Spätestens, wenn der Gesundheitszustand das eigenständige Autofahren nicht mehr möglich macht, wird ein Umzug, wenn auch schweren Herzens, in Erwägung gezogen.

Das Leben in der Stadt – anonym, aber unterhaltsam.

Ob für jung oder alt, eins ist gewiss: Das Stadtleben bietet einen Mehrwert an Unterhaltung und Freizeitangeboten. Mal schnell zum Shoppen in die Fußgängerzone oder am Abend ins Kino, all das ist in der Stadt kein Problem. Hinzu kommt, dass in der Stadt zwangsläufig eine gewisse Anonymität herrscht – für viele ein Stück Freiheit.

Eben diese Anonymität schreckt andere hingegen ab. Sie brauchen die Gemeinschaft wie, die Hilfe unter Nachbarn, die Tatsache, dass jeder jeden kennt, die Luft zum Atmen. Apropos Luft zum Atmen: die frische Landluft, der Duft von frisch gemähtem Gras und dem unweit gelegenen Kuhstall übt auf Naturverbundene sicherlich einen größeren Reiz aus als Autoabgase und der Qualm der Industrieschornsteine. Zwar laden in städtischem Gebiet Parks und Grünflächen zum Spazieren und Verweilen ein, doch das wahre Naturerlebnis, wie es zum Beispiel weitläufige Wälder und Wiesen liefern, bleibt hier aus.

Flexibilität und Mobilität in der Stadt

Ein entscheidender Vorteil, den das Stadtleben mit sich bringt, ist die Mobilität. Dank des gut ausgebauten Nahverkehrssystems ist das eigene Auto nahezu überflüssig, vielleicht sogar lästig. Garagen und eigene Stellplätze sind rar, die alltägliche Parkplatzsuche unter Umständen überaus nervtötend.

Der Teufelskreis Landflucht.

Es liegt nahe, dass die anhaltende Landflucht erhebliche negative Konsequenzen hat. Ein Grund für den Wegzug der Menschen ist die mangelnde Infrastruktur. Es fahren nicht ausreichend Busse, die Dichte des gesundheitlichen Versorgungsnetzes lässt zu wünschen übrig und die Internetverbindung ist ebenfalls häufig schlecht. Doch all diese Probleme werden zunehmen, je weniger Menschen auf dem Land leben. Wenn ein Internetanbieter es nicht für nötig hält, für 20.000 Nutzer neue Leitungen zu verlegen, wird er dies für 15.000 potentielle Zahler wohl erst recht nicht tun. In ähnlicher Weise müssen gezwungenermaßen Betreiber von Kinos, Freibädern und anderen Einrichtungen Kosten und Nachfrage abwägen. Die Infrastruktur nimmt dementsprechend weiter ab und animiert so weitere Menschen zum Wegzug – ein Teufelskreis.

Wie hat die Gemeinde Laub auf diese Entwicklung reagiert?

Zwar gibt es in Laub einen vergleichbaren öffentlichen Nahverkehr wie in den Größstädten nicht. Auch kann ein Dorf für sich allein die ärztliche Versorgung seiner Bewohner nicht sicherstellen. Einkaufsmöglichkeiten sind rar. Arbeitsplätze oftmals weit entfernt. Schulen, Apotheken, Schwimmbäder sind nicht vorhanden.

Dass es in Laub dennoch nicht zu der oben beschriebenen Landflucht gekommen ist, hat mehrere Gründe.

Zum einen wurden frühzeitig Baugebiete ausgewiesen und die Bauplätze zu erschwinglichen Preisen angeboten. Die dörfliche Gemeinschaft, das Vereinsleben, gepflegte Traditionen und dergleichen trugen ebenfalls dazu bei, dass die jungen Leute im Dorf blieben, ein Haus errichteten und bleibende Werte schufen.

In den vergangenen Jahrzehnten sind über 50 neue Häuser hinzugekommen. Wenn man in die Betrachtung einfließen lässt, dass vorher über ein halbes Jahrhundert lang nur ein einziges neues Haus hinzukam, ist dies eine beachtliche Entwicklung.

Aber es soll nicht unerwähnt bleiben, dass diese Entwicklung auch seine Schattenseiten hat.

Es ist abzusehen, dass im Dorfkern nach und nach Häuser leer stehen werden. Wie die Gemeinde Munningen mit ihren Ortsteilen Laub, Schwörsheim und Haid und die Eigentümer darauf reagieren wird, bleibt abzuwarten.

Mysteriöse Bewohner der Lehmgrube im Kellerhölzle.

Um die frühere Lehmgrube im Kellerhölzle rankt sich
eine etwas geheimnisvolle Geschichte,
an die sich ein Lauber Bürger erinnert. Seine Großmutter
hat immer wieder davon erzählt.

Mit der beginnenden Winterzeit bewohnte eine
fremdartig erscheinende Familie die Lehmgrube. So weit
bekannt zog sie vom Wemding kommend in das kleine
Waldgrundstück ein, um in der Lehmgrube Quartier zu
beziehen.

Warum diese Leute das taten, lässt sich nicht mehr sagen.
Aber bekannt ist, dass die Fremdlinge immer wieder hierher kamen. Vielleicht war es die Familie eines fahrenden
Volkes. Sinti, Roma oder Zigeuner, wie man sie in
früheren Zeiten nannte.

Manchmal wagten sie sich ins Dorf, um bei den Bauern
um eine Kanne Milch zu betteln. Aber sonst gab es kaum
Kontakt. Natürlich war der Argwohn gegen diese
Menschen groß. Wenngleich nicht bekannt geworden ist,
ob sie gestohlen haben. Vielleicht hätte damals der
Versuch, mit diesen Menschen ins Gespräch zu kommen,
etwas mehr Licht in das geheimnisvolle Gebaren
gebracht. Aber die Fremden mieden die Lauber und die
Lauber hielten sich von den Sonderlingen fern.

Die Dorfbevölkerung ging in dieser Zeit nur ungern in den kleinen Wald. Nur die mutigen oder neugierigen Buben schlichen heimlich um das Gehölz, um etwas mehr Informationen zu erkunden.

Die Gerüchteküche brodelte, aber Genaues konnte niemand sagen.

Bettelarm waren diese Fremden, das gilt als sicher. Die Lehmgrube hatten sie lediglich mit Ästen und Reisig abgedeckt. Ihre Kinder sind auch nicht zur Schule gegangen. Wie sollten sie auch, wechselte die Familie doch immer wieder ihren „Wohnsitz".

Niemand im Dorf hat etwas über diese Angelegenheit schriftlich festgehalten. So lässt sich nur mit viel Phantasie erahnen, wie es gewesen sein könnte.

Später, die Fremdlinge kamen schon seit Jahren nicht mehr, wurde die Lehmgrube als Müll- und Abfalldeponie benutzt. In der mit Morast gefüllten Grube wuchsen Iris und Schwertlilien.

Heute ist von alledem nichts mehr zu erkennen. Die unkontrollierte Müllentsorgung gibt es seit Gründung des Abfallwirtschaftsverbandes kaum noch.

D`r greane Bugga (Der grüne Buggen)

Es gibt ihn schon viele Jahre nicht mehr, den grünen Buggen. Aber viele erinnern sich noch recht genau an diesen Schulgarten, der zum Teil auch als Gemüsegarten genutzt wurde.
Vom Eiskeller der ehemaligen Wirtschaft (Bena-Wirt) verlief ein Graben zur Rohrach hin. Über diesen Graben lief das getaute Eiswasser in die Rohrach. Der Graben ist heute nicht mehr vorhanden. Auf dem Grundstück standen auch Apfelbäume.

Lange Zeit diente der grüne Buggen als Gänswasen. Später wurde dort ein schulnaher Sportplatz eingerichtet. Sogar Sportgeräte waren dort aufgestellt. Ein Reck, um Klimmzug-Übungen zu ermöglichen, war ebenso vorhanden wie eine Weitsprunganlage. Bei Ballspielen kam es dabei immer wieder vor, dass das Spielgerät in der Rohrach landete. Mit bereitliegenden Stangen musste der Ball dann aus dem Bach „gefischt" werden.

Dieser idyllische Platz war etwa 15 Meter breit und cirka 75 Meter lang. Er verlief entlang der Rohrach von der Brücke neben der ehemaligen Gemeinschafts-Gefrieranlage Richtung Osten.

Das Flussbett, so erinnert sich ein Lauber Bürger, verlief damals einige Meter nördlich des heutigen Verlaufs. Ob der Bach sein Flussbett im Laufe der Zeit selbst Richtung Süden verlagerte, oder ob Straßenbaumaßnahmen zur Veränderung des Flussbettes zwangen, ist nicht erinnerlich.

Der Neubau einer Lagerhalle und die Zufahrt für einen landwirtschaftlichen Betrieb schränkten die Fläche entscheidend ein. Jetzt ist das verbliebene Areal mit Bäumen und Sträuchern bepflanzt, die im Zuge der Dorferneuerung gesetzt wurden.

Der heute als Garage für die Bewohner des Schulhauses genutzte Raum, wurde in Zeiten, als der Schulunterricht noch im Dorf stattfand, als „Turnhalle" genutzt.

Es gibt heute noch viele Bürger, die dem verlorengegangenen „greana Bugga" nachtrauern und ihn schmerzlich vermissen. Das mag auch darin begründet sein, dass sich schöne oder auch ungute Erinnerungen an die eigene Schulzeit eingeprägt haben.

Ein außergewöhnliches Begräbnis

Von einem besonderen Unglücksfall weiß ein Lauber Bürger zu berichten.

Damals gab es bereits Futterschneidemaschinen, die meist über einen Treibriemen von einer Transmissionswelle angetrieben wurden.

Diese Maschinen standen zumeist auf einem Podium (Bödale). Das geschnittene Heu, Gras oder Klee konnte durch eine Öffnung in die „Futterkammer" fallen, die sich unterhalb des Podiums befand.

Zuweilen kam es vor, das sich das geschnittene Material im Auswurfschacht der Futterschneidemaschine verfing und so den Auswurf verhinderte.

Dies wurde einer Lauber Frau zum Verhängnis.

Von der Futterkammer aus griff sie mit der Hand, bei laufender Maschine in den Schacht, um das hängengebliebene Material herauszuziehen. Dabei beachtete sie jedoch nicht, dass der Drehflügel, an den die scharfen Schneidemesser geschraubt waren, eine große Gefahr darstellte. Als sie versuchte möglichst weit in den Auswurfschacht zu greifen, schlug ein vorbeirasendes Schneidemesser ihre Hand vollständig ab.

Zwar konnte die sofort einsetzende Blutung des Armstumpfes relativ schnell gebannt werden, aber die abgetrennte Hand lag im Futterhaufen.

Was war zu tun?

Die Möglichkeit, die Hand einfach wieder anzunähen, gab es zu dieser Zeit noch nicht.

Den abgetrennten Körperteil einfach auf den Misthaufen zu werfen, wie eine „vereckte" Henne, erschien der Familie der Verunglückten pietätlos.

So entschloss man sich, nach eingehender Beratung, den Körperteil im Familiengrab zu bestatten.

Die Verunglückte hat diesen Unfall um viele Jahre überlebt und konnte ihre Hand an der Grabstätte immer wieder besuchen.

Eine unglaubliche Geschichte

Fabriken, die Särge herstellten, gab es in ländlichen Regionen kaum. Es kam vor, dass besonders vorausschauende Zeitgenossen schon zu Lebzeiten vorsorgten und einen Sarg anfertigen ließen, den sie zumeist im Hausdachboden aufbewahrten.

In diesem Fall, der hier erzählt werden soll, verhielt es sich aber ganz anders.

In Laub war ein angesehener Bürger verstorben. Seine Angehörigen bestellten einen Sarg bei einem Wemdinger Schreinermeister. Ein Bekannter des Verblichenen wurde von der Witwe gebeten, die letzte hölzerne Wohnstatt ihres Gatten beim Handwerksmeister abzuholen und in das Haus der Trauerfamilie zu bringen.

Diesen Wunsch erfüllte der Mann gerne, war der Verstorbene doch zu seinen Lebzeiten ein guter Freund gewesen.

Er ging zu Fuß nach Wemding, lud den Sarg auf einen Handkarren, zurrte ihn fest und machte sich sogleich Richtung Laub auf den Heimweg.

Am Himmel türmten sich plötzlich dunkle Gewitterwolken auf. Dumpfer Donner grollte. Blitze zuckten über das Firmament. Der aufkommende Wind trieb Gras und Strohhalme vor sich her. Schon fielen die ersten Regentropfen auf den Sargtransporteur herunter.

Nur wenige Meter waren es noch bis zu der kleinen Kapelle, die hinter Amerbacher-Kreut am damaligen „Wemdinger Weg" in einem kleinen, von Bäumen umgebenen, Grundstück steht.

Bevor der heftige Gewitterregen einsetzte, erreichte der Mann mit seinem Karren samt Ladung die kleine Andachtsstätte.

Kurzentschlossen band er den Sarg los und stellte denselben auf den Grasboden. Flugs öffnete er nun den Sargdeckel, legte sich hinein und ließ den Sargdeckel herunterfallen.

So war er vor dem Gewitterregen geschützt.

Indessen suchte ein anderer Mann Schutz vor dem Regen auf dem Gelände der Kapelle. Er hatte seinen großen Schlapphut dicht in das Gesicht gezogen. So ist ihm der Sarg, der eigentlich in Sichtweite stand, nicht aufgefallen.

Der Mann im Sarg hörte aufmerksam auf den niederprasselnden Regen, der dröhnend auf den Deckel klatschte. Nach geraumer Zeit ließ der Gewitterregen nach. Der Sargbewohner hob den Deckel seiner Regenschutz-Behausung etwas an und streckte seine Hand hinaus, um zu prüfen ob eine Fortsetzung der Reise gewagt werden konnte.

Just in diesem Augenblick sah der zweite Mann den Sarg und die Hand die unter dem Deckel herausragte.

Ein kalter Schauer durchzog ihn. Panische Angst und entsetzlicher Schrecken erfasste sein ganzes Wesen.

Wie von sieben Teufeln gehetzt rannte er atemlos keuchend in Richtung Amerbacher-Kreut.
Dort, völlig erschöpft angekommen, schilderte er den Leuten sein unglaubliches Erlebnis. Nach geraumer Zeit wagten es einige mutige Männer des Weilers, den Ort des Geschehens zu inspizieren. Als sie dort ankamen war kein Sarg mit einer herausragenden Hand zu finden.

Der Mann aber schwor bei allen Heiligen und der Seligkeit seiner Eltern, dass er es genauso erlebt hatte, wie er es geschildert hat.

Der Bürger aus Laub hatte längst mit seinem „Frachtgut" die Reise wieder aufgenommen und hat völlig trocken seinen Heimatort erreicht.

Über den Schrecken, den er dem Anderen eingejagt hatte, hat er oft und gerne erzählt.

Na ja, vielleicht hat er auch seiner Fantasie keine allzu strengen Zügel angelegt.

Wer weiß das schon?

Nächtlicher Spuk

Geschichten erzählen war in längst vergangenen Zeiten eine beliebter Zeitvertreib, besonders in den langen Winternächten.

Oft saßen die Alten lange bei einem Nachbarn oder bei Verwandten beisammen. Gruselige Ereignisse wurden zum Besten gegeben. Geistergeschichten und unerklärliche Begebenheiten machten die Runde. Manche glaubten wirklich an die aufgetischten Ammenmärchen. Aber es gab auch pfiffige Zeitgenossen, denen es einen rieseigen Spaß bereitete, Schauermärchen zu erfinden.

War jemand etwas zart besaitet, traute er sich kaum noch zu nächtlicher Stunde aus dem Haus. Er witterte hinter jedem Windgeräusch, heulendem Hund oder streunender Katze Unheil, Geistertreiben oder Seelen Verstorbener, die infolge begangener, frevelhafter Taten keine Ruhe fanden.

Immer wieder zogen Schäfer durch die Felder, um für ihre Herde ein geeignetes Feld zu suchen, und einen Pferch aufzuschlagen.

Bei einem Pferch (auch „Pförch") handelt es sich um ein durch tragbare Zäune abgegrenztes, kleineres Weidestück. In ihm können für die Nacht Schafe zusammengetrieben, daher eingepfercht werden. Das einzelne, ursprünglich aus Flechtwerk gefertigte Zaunelement nennt man Hürde.

Viele Bauern waren gerne bereit, dem Schäfer einzelne Grundstücke zum Aufschlagen des Pferchs zu überlassen. Die Ausscheidungen der Schafe waren ein guter Dünger. Sie brauchten dafür dem Schafhalter nur einen bescheidenen Betrag bezahlen.

Kunstdünger wurde nur selten ausgebracht..

Ein junger Mann, war in den späten Abendstunden unterwegs nach Laub. Er war etwas länger bei seinen Verwandten geblieben und hatte immer ängstlicher werdend den Schauermärchen, die zum Besten gegeben wurden gelauscht.

Sein Weg führte in einiger Entfernung an einem aufgeschlagenen Pferch vorbei. Es war üblich, den Pferch auch während der Nachtstunden zu versetzen, um den Dung gleichmäßig auf dem Acker zu verteilen.

Mit einer Laterne ausgestattet verrichtete der Schäfer seine nächtliche Arbeit.

Der heimreisende junge Mann erschrak. Sah er doch ständig das flackernde Licht der Laterne, das immerzu hin und her schwankte.

Es war eine stockfinstere, stern- und mondlose Nacht. So konnte er zwar das Licht, aber sonst nichts sehen.

Welche ruhelose Seele sucht hier zu dieser späten Stunde nach dem Ort einer verübten Untat? Wehe ihm, wenn ihn der Geist bemerken würde. „Ich wäre verloren", murmelte er leise vor sich hin.

Da kam ihm in seiner Not der rettende Gedanke. Ganz in der Nähe, das wusste er gewiss, befindet sich das „Goasbrückle". Wenn er unbemerkt den Dohler unter der kleinen Brücke erreichen würde, könnte er sich dort verstecken, bis der nächtliche Spuk vorrüber war.

Ein ganze Stunde verharrte der junge Mann in seinem Versteck.

Endlich, der Schäfer war mit der Umsetzung seines Pferchs fertig und trottete gemächlich in seinen Schäferwagen zurück, löschte die Laterne und schlief bis zum Morgengrauen.

Der Verängstigte wagte sich aus dem Dohler und rannte mit langen, weiten Schritten, ohne nur ein einziges Mal umzuschauen seinem Dorf entgegen.

Nun hatte er selbst ein Gespenstertreiben erlebt und konnte bei der nächsten Gelegenheit seine abenteuerliche Erfahrung zum Besten geben.

Von der Eberhaltung

Für den Zuchteber gab es regional ganz unterschiedliche Bezeichnungen. Bär, Häckl, Hauer, Betz und noch viele andere Namen waren in den Dörfern üblich.

In Laub war jedem klar, wenn vom Bären gesprochen wurde, handelte es sich um den Zuchteber und nicht um das Pelztier „Meister Petz".

Dieses Tier wurde von der Gemeinde gekauft und in deren Auftrag von einem Landwirt auf seinem Gehöft gehalten. Dem Landwirt, der die Haltung übernommen hatte, wurde von der Gemeinde ein Grundstück, der „Bäraranga" zur Verfügung gestellt.

Oft war der „Bär" von agressiver Natur und die Gefahr, dass der Halter gebissen wurde, war latent vorhanden.

War die Sau eines Bauern brünstig, bekannt war dafür der Ausdruck „osra Sau tuat resa", oder „sie hot grest", wurde sie durch das Dorf zum Eber getrieben.

Hatte der Eber seine Pflicht erfüllt, bekam der Halter ein bescheidenes Trinkgeld.

Nicht immer war der Deckungsakt erfolgreich. Des öfteren waren mehrere Versuche erforderlich.

Ist es aufgefallen, dass ein Bauer seine Sau mehrmals in kurzer Zeit zum Bären trieb, konnte es geschehen, dass er sich spöttische Bemerkungen von seinen Zunftgenossen anhören musste.

z.B. „Dia Sau macht se off dei Koschta des schöaste Leba".

Hatte sich der alte Bär nach den vielen Jahren allzusehr verausgabt und ist seine Zeugungsfreudigkeit stark abgefallen, musste ein neues Tier erstanden werden.

Der Neuerwerb sollte natürlich wenig kosten und über sagenhafte Qualitäten verfügen.

Von der Bullenhaltung

Verantwortlich für die Haltung eines Zuchtstieres war in Laub die Zuchtstiergenossenschaft.

Gebräuchlich waren für ihn Namen wie Gmoa-Hommel, oder Gmoa-Stier.

Die Kosten seiner Haltung wurden anteilmäßig der gehaltenen Rinder für jeden Landwirt festgelegt. Deshalb wurden regelmäßig Viehzählungen durchgeführt. Besonders „sparsame" Bauern versuchten immer wieder, vor der Zählung die Zahl ihrer Kühe zu verringern, indem sie dieselben vor der anstehenden Zählung aus dem Stall verbannten und bis zum Ende der Kontrolle in der Scheune oder einem Schuppen versteckt hielten.

Wurde sein Schwindel entdeckt, lachte das ganze Dorf über ihn und nachfolgende Kontrollzählungen wurden um so penibler durchgeführt.

Bei der Anschaffung eines neuen Bullen spielte natürlich auch der Preis eine große Rolle. Lange Zeit wurden nur ausgediente Tiere angeschafft. Übertriebene Sparsamkeit wirkte sich aber meist negativ auf die Qualität des Zuchtstieres aus.

Zudem sollte der Zuchtbulle durch seine kraftstrotzende Erscheinung einen guten Eindruck hinterlassen.

Der Bullenhalter war für die Pflege und Fütterung der Tiere verantwortlich.

Bis zu drei Tiere wurden im Dorf gehalten.

Brünftige Kühe oder Kälber wurden zum Bullenstall geführt. Der Bullenhalter wählte einen Stier aus, der die Deckung vollziehen sollte.

„Osra Kalbl rindert" oder „dia vodra Kuah spielt" so sagte man, wenn das Rind den Gang zum „Hommel" verlangte. Dies zeigte sich dadurch, dass das Rind auf nebenstehende Artgenossen aufsprang.

Mit der Zeit hat sich die Erkenntnis durchgesetzt, dass hochwertige Zuchtstiere, wenn auch im Preis bedeutend höher, lukrativer waren, als die Anschaffung eines lustlosen Tieres.

Heute gibt es im Dorf keine Bullenhaltung mehr.
Das Sperma wird in sogenannten „Samenbanken" gewonnen und die Kühe werden künstlich befruchtet.

Pessimistische Zeitgenossen unken: „Was bei den Tieren geschieht, kommt früher oder später auch zu den Menschen."

Erzählt wird nachfolgende Begebenheit:

Ein umtriebiger Bauer hatte seine noch schulpflichtige Tochter damit beauftragt, eine Kuh zum Gmoa-Stier zu führen. Unterwegs begegnete ihr der Dorfpfarrer. Er fragte interessiert: „Dorele, wo gehst du denn mit der Kuh hin." Die Kleine antwortete: „Zum Hommel". Mit bedenklicher Stimme meinte der Pfarrer: „Wäre das nicht besser eine Aufgabe für deinen Vater?"

„Noi, noi", antwortete das Dorele, „des ka mei Vater net, des muss scho der Stier macha!"

Ob dies ein Tatsachenbericht ist oder eben nur eine Erfindung, lässt sich mit letzter Sicherheit aber nicht sagen.

Vom Brot backen

Bis in die Zeit der Nachkriegsjahre hinein wurde in den meisten bäuerlichen Haushalten der Brotteig selbst hergestellt.
Der Brotteig wurde zum Laib oder Kipf geformt, in entsprechende Behälter gelegt und zum Bäcker gebracht. Die Behälter bestanden aus kunstvoll geflochtenen Strohbändern.

Beim „Mühlbeck" wurde das Brot mittels einer hölzernen Ofenschaufel in einen großen Ofen geschoben. Nur an bestimmten Tagen konnte man das Brot zum Backen bringen.

Jede Familie besaß einen „Model", mit dem der Brotteig gekennzeichnet wurde. Der „Model" wurde in den Teig gedrückt und damit wurde sichergestellt, dass es nicht zu Verwechslungen kam.

Unterschiedliche Modelzeichen wurden verwendet. Buchstaben, Kreuzformen, Kreise, Sterne und dergleichen.

In früherer Zeit gab es noch eine weitere Möglichkeit, sein Brot backen zu lassen. Beim „Küah-Hannas" gab es ebenfalls einen Brotbackofen.

Es gab in den umliegenden Dörfern auch Haushalte, die einen eigenen Backofen besaßen. Die Familien waren groß und oft lebten drei Generationen unter einem Dach.

Es war keine Seltenheit, dass eine Familie drei Brotlaibe und dazu noch zwei Kipf formte.

Die Herstellung des Brotes war im Grunde einfach, doch mussten bestimmte Regeln beachtet werden.

Meist wurde Roggenbrot gebacken.

Zum Backen von Roggenbrot genügt Hefe allein nicht. Ein allein mit Hefe gebackenes Roggenbrot ist innen glitschig. Deshalb wurde Sauerteig angesetzt.

Die Herstellung von Sauerteig ist sehr einfach und geschah in mehreren Schritten.
Man mischte zunächst in einer großen Schüssel 100 Gramm Roggenmehl rund 100 Gramm warmes Waser und stellte dieses Gemenge zugedeckt an einen warmen Ort. (ungefähr 20 Grad)
Am nächsten Tag fügte man noch einmal 100 Gramm Roggenmehl und 100 Gramm warmes Wasser dazu und ließ die vermischte Menge noch einmal 24 Stunden ruhen. Am dritten Tag riecht dieser Ansatz schon sehr sauer und wird blasig. Nun wurden noch einmal 200 Gramm Roggenmehl und 200 Gramm warmes Wasser dazu, vermischte alles gut miteinader und ließ den Sauerteig nochmals 24 Stunden ruhen. Nun war der Sauerteig fertig.

Der Sauerteig wurde mit dem Hauptteig gemischt und er durchsäuerte das ganz Gemenge. Die gesamte Masse wurde kräftig geknetet und zu Laiben oder Kipfen geformt.

Heute ist solches Brot nur noch selten zu haben.
Schade, denn es schmeckt sehr würzig und sättigt gut.

Bekannt war der Spruch: Laue Suppe, Brot noch warm,
macht den reichsten Bauern arm.

Bsuach beim alta Pfarrherra

Es hot en am Riaser Oart,
a Pfarrherrle zom Nutz ond Fromma,
fleiße verkündet Gottes Woart,
dass alle en da Hemml komma.

Er war a Ma mit Geischt ond Kraft,
hot kennt sei Schäfla, so wias leba,
oft hotr en seim Garta g'schafft,
sei Predigta hont oim was geba.

D' Leit hont ehn wirkle geara ghet,
wall er hot ihre Sorga kennt,
o zorle war er niemols net,
hot g'wisst was ondr de Nägl brennt.

Da Frieda hot er oftmols g'schaffa,
Streithansl wieder zamma brocht,
hot ausgwehrt wanns em Wirtshaus raffa
ond drnoch sei Zigarrn grocht.

Er war fers ganz Dorf a Säga, (Segen)
reschpektiert von alle Leit,
drom send alle traure gwesa,
als verbei em Oart sei Zeit.

Ma hot ehn g'ehrt beim Abschied nemma
ond dobei groaße Reda g'halta,
dr Chor hot g'songa, mit Engelstemma:
„Wer nor da liaba Gott lasst walta."

Es send etle Johr verganga,
do hot dr Kircharot bestemmt,
wall siea hont g'het des groaß Verlanga,
dass ma da Pfarrer b'suacha kennt.

G'schwend honts da rechta Tag ausgmacht
ond seira Köche z'wissa do,
dass siea se ja koi Arbat macht,
zor Brotzeit bleibats eh net do.

So sends beim Pfarr beinander g'hockt,
beim Kaffä ond süaße Stückla,
samt Krapfa ond am Guglhopf,
sia hont kräfte kenna wickla.

Wia nocht dia Kaffeezeit vrbei
onds Herrle kommt vom Keller rauf,
brengtr er drher a' Fläschle Wei,
sagt recht vergniagt, dia mach mer auf.

Er holt fer sich vom Küchekasta,
a' Weiflasch mit am kloina Rescht
ond lacht, heit mias mer ja net faschta,
i moin os hont drzu des Recht.

Er schenkt se ei den Flascharescht,
macht schnell dia volla Flasch no auf
ond gießt vergnüaglich seine Gäscht
dia Gläser voll bis obanauf.

Sia stoßat a, dia Gläser klenga,
hell wia klare Glockaschläg
siea wöschat sich, dia Zeit soll brenga,
no oft so wonderschöane Täg.

Dr Pfarr schlozt von seim edla Tropfa
o d' Mannd nemmat an feschta Schluck,
doch besser wär a Moß vom Hopfa,
wall alle sends recht zammazuckt.

Der ischt ja sauer wia Zitrona,
d's Hemad ziachts oim henta nei,
doch alle deant mitnand betona,
dass des a ganz guats Tröpfle sei.

Sia trenkat aus mit kloine Schlückla,
verziagats Gsicht ond pressat Lippa,
zom Ausgleich von de süaße Stückla
nemmats drzu, zom nonder kippa.

Herzle honts nocht Abschied gnomma,
ma wöscht se Gsondheit, guate Zeita,
ond dass geara wieder komma
richtat Grüaß no aus, von alle Seita.

Pfarrköche hot am nächsta Tag,
zom Mittagessa aus Gugommer
a' mischa wölla an Salat.
Gugommer wachsat gmua em Sommer.

Do brauchts an Essig allemal
ond o a' weng an Dill, woiß Gott,
sia woiß ganz gwieß dass em Regal,
a' flüssigs Gwürz em Keller stott.

Doch siea fend koin Essig net,
bloss a' Flasch, an weißa Wei(n),
siea hott ganz gwieß an sotte g'het.
Wiea kas des geba? Wiea ka des sei?

Z'mol hot ihr a' Liacht aufglänzt.
Ihr Herr hot seine lieabe Baura
an Essig, statt an Wei(n) kredenzt.
Siea tuat dia Mannd nocht recht bedaura.

*Diese Geschichte hat mir ein ehemaliges Mitglied der Lauber
Kirchenverwaltung erzählt. Der Mann lebt schon lange nicht mehr.
Ich habe dieses Ereignis zu einem Gedicht im Rieser Dialekt
verarbeitet. Es ist durchaus möglich, dass einige Worte nicht
„loberisch" sind.*

Dr „Räuber" vom Eulahof

Mitta en dr donkla Nacht
ischr dr Bauer jäh aufgwacht,
an Feschterlada hot wer klopft,
drauss stot a' Ma, dr Rega tropft
von seim verissna Gwand,
an alta Rucksack en dr Hand.

Dr Hofhod hot net gschlaga a',
wia komma isch der fremde Ma,
isch abr her glei spronga komma,
war deam Gascht recht froidle gsonna.
„Was wellas zo der späta Stond?
Am beschta wann dr wieder gont",

so sagt dr Bauer, ziemle laut.
Ehn wonderts dass dr Hod deam traut.
Drom gschobtrn doch no gnäher a,
den jonga, fremda, gstandna Ma.
Er frogtn: „was isch dei Begeähr?
Sen hentr dir d Schandarma heär?"

Sia gschobat fescht anand en d Oga.
„I ben koi Lomp net, des kasch globa.
Arm ben i wia a' Kirchamaus,
drom bitt i, dass em Stadel daus,
i ausruah derf dia oina Nacht,
i moi dass des koi Omständ macht."

Dr Bauer überlegt ond denkt,
sigt dass dr Hod se an ehn drängt,
a' deita will, es wär gerecht,
ond seim Herra saga mecht.
Sag ja ond lass den Arma,
en dein Stadel, hab Erbarma.

Auf stot dr Bauer en dr Früah
gschobt en Stall noch seine Küah,
sigt dass d Arbat gmacht scho gwesa,
dr Gang war zammkehrt mitm Besa,
na broit war bereits dia Sträh
ond gläga isch em Trog scho ds Hä.

„Bauer, i will nix schulde bleiba,
verstand ui guat wandr vertreiba
mi iatzt glei von Hof ond Haus,
Geld hab i kois i sags grad raus."
Setzt auf sein verfilzta Huat
„Vergelts Gott Bauer ui sen guat."

„Wo kommsch her? Sags frank ond frei
du könscht gar von am Baura sei.
Moi grad, dass i könnt braucha di.
Du hosch a' Gloich o mitm Vieh.
An Lichtmess gschlengert isch mei Knecht,
oiner wiea du käm mir grad recht.

Stand bei mir ei", so sagt dr Bauer,
„dia Stell bei mir könnt sei von Dauer.
Sag mir frei nei en mei Gsicht,
woher du kommsch ond wer du bischt."
Dr Fremde schweigt, schnauft no tieaf ei,
„vrzähla will i ui des glei.

Mei Hoimat isch des Ungarnland
net weit vom bloa Donastrand.
Hont friedlich glebt bis dia Osmana
oser Dorf en Allahs Nama
gmacht dem Ackerboda gleich,
ombrocht hont mim Säbelstreich,

mein Vater ond mei guata Muader,
mei lieaba Schwester ond mein Bruader.
Hab me gwehrt mit bloaße Händ,
wia alle toat do glega send
ond wie e nix hab macha kennt,
ben i drvo, ben ner no grennt."

Dr Bauer hot dia Gschicht vernomma,
Träna send von de Oga gronna,
hot sei rechta Had ehm geba,
a' Handschlag wars förs ganze Läba.
Siea warad nemme Herr ond Knecht
als sein Buaba hot er ehn gmecht.

Henter a' groaßa Breterwanda,
isch d' Tochter von dem Baura gstanda.
Sia hot ghört ihra ganza Red
ond greine gmiaßt wiea a' klois Ked.
Hot ehn o recht manierle gfonda,
den fremda Ma von Ungarn donta.

Sia war em Baura sei ganzer Stolz,
war wiea ihra Muader vom gleicha Holz.
Wiea ds Mädle domols isch gebora,
hot Muader s' Leba halt verloara.
Hart war dia Zeit ond o sei Schmerz,
so wiea a' Stoi, war lang sei Herz.

Em Dorf do war de jonge Mannd
natürle allas des bekannt.
Wer dr Jonga Gunst könnt gwenna,
tät o den Hof sei oiga nenna.
D' Habsucht nährt ihr gierigs Trachta,
siea deant da Fremda recht verachta.

Missgonscht plogt dia jonge Gsella,
weils net hont kriagt was hättat wölla,
gfürcht, dass d' jonga Fro da Knecht,
zom Hoferba macha mecht.
Gsponna honts gar viel Intriga,
s' Mädle isch aber standhaft blieba.

Fürschta hont en dera Zeit
d' Herrschaft über d' Bauraleit
ond mit Willküar oft bestemmt,
was ma lasst ond was ma nemmt.
Siea hont dia Baura plogt ond gschonda
ond des ganz en Ordnung gfonda.

An Hehl honts doraus o net gmacht,
dass siea des Recht zor erschta Nacht,
mit ra Braut en Anspruch nemma,
des däftat siea, wanns wend, bestemma.
Es hot se mancher net scheniert
ond sotte Rechte aus o gführt.

Ma hot em Herra von ra Gfahr,
dass a Fremder aus Magyar,
z' wissa do onder dr Hand,
dass der Ma aus ferna Land,
ehm Oart a' Mädle tät verführa,
des däft net sei, er müaßt se rüahra.

Sofort hot nocht dr Edlma,
sei Kutsch hot spanna lassa a'
ond isch zom Einödhof na gfahra,
kennt sei er könnt sei Recht do wahra.
Wann s Mädle schöa ond o adrett
könnters braucha en seim Bett.

Ma hot dia Braut zerrt en da Waga,
da Bräutigam mit Knüppel gschlaga,
tuat drzu wiea Teifel lacha,
zotig Sprüch drbei no macha.
Da Jonga packt a wilder Zoara,
isch mit seim Baura einig woara.

Er reit mim Gaul, en wilder Jagd,
hot Kutsch eigholt, da Fürschta packt
ond mit dr Fauscht bewusstlos gschlaga,
bevor d' Soldata send vom Waga
gspronga ond da Herra weg hont traga,
ziagtr sei Braut mit Gewalt
off sein Hengscht, verschwend em Wald.

Dass ma sei Liabschta net entdeckt,
hotrs bei am Freind versteckt.
Er selber isch zo seim Baura gschwend,
hot ghofft dass er ehm helfa kennt.
Dr Gaul war no net ausm Gschirr,
höartr von weitam a' Gewirr,

von Stimma ond a' lauts Geschrei,
em Fürschta sei Leit sen scho drbei,
da ganza Hof zom umstella,
om zom fanga den kecka Gsella.
An da Galga möcht man brenga,
so bald man hot, wurdr hänga.

Doch dr guate alte Bauer
hot d Nerva b'halta, war a' Schlauer,
spannt Ochsa vor da Mischtlachwaga,
ond duat zo seim Hoferba saga:
„tua de en des Fass einischta,
mir deant d Bagasch iatzt überlischta."

Wiea er fährtr zor Güllegruaba,
siechtr wieas aus de Hecka luaga
ond Fluchtweg immer enger macha,
dass hanga bleibt en ihre Mascha,
dr Magyar, der hot em Fass
g'fleht ond bet' ohn Onterlass.

Dr Bauer macht da Auslof auf,
legt g'schickt a' Tarnung obadrauf.
Er schöpft mit aller Seelaruah,
heäle lacht er no drzu,
d' Jauche ends Versteck vom Buaba,
dia lofft zom Auslof zruck en d Gruaba.

So hotr gschafft a' längra Zeit,
bis er gmoit iatzt isch so weit.
Offs Mischtlachfass hocktr se nauf,
sagt hüah zo seine seine Ochsa drauf,
hebt Goißel en dr Had ganz wacker
ond fährt mim Fuhrwerk of sein Acker.

Kaum isch er dann an dr Gwanda,
send Häscher en dr Ewänd gstanda,
hont gsuacht em Heustock ond em Haus,
dass dr Freche kommt net aus.
En alle Käschta gschobats nei,
wo dr Magyar versteckt kennt sei.

Draus, beim Sonnastrahl beim warma,
war nix zom seah von Schandarma,
do lasst dr Bauer sein guata Bua,
ausm Fass ond sagt drzu:
„loff en dr Nacht zo deira Braut
ond gang zom Pfarr, dass der ui traut."

Em Dorf, so hot ma g'lesa,
do isch a' Pfarrherr gwesa
der hots net kenna mit seim Gwissa
en Eiklang bringa, s' hot en bissa,
wias omganga send mit Untertana,
an Ausweg muaß er do abahna.

Wiea dr Bauer mit seim Gspann,
en Hoff nei gfahra später dann
ond gseha dass d Viecher gfehlt em Stall,
s' ganz Haus verwüascht ond überall,
allas offa gstanda isch,
hotr se stütza gmiaßt am Tisch.

Er spiert a Müadigkeit, a matta
isch froh, dassr em Ked da Gatta,
hot retta kennt vorm Galgastrick,
isch zfrieda ond lofft no a Stück,
gschobt zom Hofkreiz dankbar naus
ond haucht ganz ruhig sei Leba aus.

Dr alte Pfarr hot mit Bedacht
da Bua onds Mädle ausfende gmacht,
Botschaft do, dass an seim Tisch,
dr Bauer toat zambrochha isch.
Sia sollat Vorsicht walta lassa
Spitzel laurat en alle Gassa.

Em ganza Oart hont grätslt d' Leit,
ob z' Mädle d' letschta Ehr erweist.
Ob der Knecht so keck isch gar,
onderschätza tuat dia Gfahr,
dass auf ehn laure kenntat d Herra,
da Ma am End zom Galga zerra.

Viel wurd gredt henter dr Hand,
wieas weitergot do warads gspannt.
Doch d' Braut ond o ihr Bräutigam
nehmat alla Muat glei zamm,
als Bettelmönch hont sia sich kloid,
dass mas net kennt en ihrem Loid.

Am Grab war wiea a' Stoi ihr Herz
hond leise bet, groaß war dr Schmerz.
En de Oaga Träna, en dr Bruscht a Banga.
Gröaßer als d' Angscht war des Verlanga,
dass vom Vater Abschied nemma,
es war a' schwära Zeit, a' schlemma.

Dr alte Pfarr hot Wucha drauf
dia jonge Leit nocht heimle traut,
o Rengla bsorgt fürs jonge Paar,
dass treta kennt hon zom Altar.
Glei drauf sends en dr Nacht verschwonda,
ma hot koi weitra Nochricht gfonda.

Siea hont da Hof niea meah betreta,
betroffa gmacht hot des an Jeda.
Leer standat lang dia Baulichkeita
bis endlich kommat bessre Zeita,
noch langam Krieg, wo viele gstorba,
des Guat a' Fremder hot erworba.

En de Annala do stot gschrieba,
dass ma an Räuber hot vertrieba,
der Schandtata beganga en dr Nacht
ond alle Leit hot Ängschta gmacht.
Ma hot sogar, zo guater letzscht,
an Mahn-Gedenkstoi för ehn gsetzt.

Es isch so manches Johr verganga,
do isch em Dorf des Grücht omganga,
dass ma ghöart hot em geheima,
tuat gar viel drzua no reima,
dass dr Knecht heit lebt en Wien,
mit Frau ond Kend, Hans Arnesin.

Ogfähr so noch hondert Johr,
hot ma gfürcht dia groaßa Gfohr,
dr Stoi kennt Zeit net überdaura,
tuatn ehn en d Friedhofmauer maura.
Do mahntr heit no beim Betrachta:
Ma soll aus Neid net d' Leit verachta.

Anmerkung:

*Von Räubern die im Eulenhof bei Laub ihr Unwesen getrieben haben
sollen, berichtet ein schriftliches Zeugnis. Gesicherte Erkenntnisse
über die näheren Umstände konnten aber nicht gefunden werden.
Warum Menschen zu Räubern oder Wilderern wurden, beschreiben
die Chroniken leider nicht.*

*Das Ereignis habe ich in die Zeit vor dem Ausbruch des 30-jährigen
Krieges angesiedelt und mir in meiner Phantasie keinen Räuber,
sondern einen Flüchtigen vor Augen gestellt.*

*Die Geschichtsbücher und Annalen wurden sicher nicht von den
Bauern geschrieben. So hege ich die Vermutung, dass die spärlichen
Aufzeichnungen im Sinne der damals Herrschenden gemacht
wurden.*

*Natürlich kann ich nicht beweisen, dass sich die Dinge so abspielten,
wie sie von mir erzählt werden. Gänzlich ausschließen kann man es
aber auch nicht.*

Die Wahrheit wird wohl ein Geheimnis bleiben.

Nachwort

Die Geschichten wurden so nacherzählt, wie sie mir nach den Schilderungen älterer Lauber Bürger in Erinnerung geblieben sind. Beim Gedicht „Dr Räuber vom Eulahof", habe ich allerdings meiner Phantasie keine Grenzen gesetzt.

Es leben leider nur noch wenige Personen, aus deren Erlebnis- und Erfahrungsschatz geschöpft werden konnte. Dies beweist einmal mehr, dass nur schriftliche Aufzeichnungen für nachfolgende Generationen erhalten bleiben.

Für die hilfreiche Unterstützung bedanke ich mich bei:

Herrn Anton Singer Altbürgermeister und Ehrenbürger
Herrn Willi Seefried
Herrn Herwig Heisler
alle Laub

Ich widme dieses Buch dem Heimatverein Laub e.V. und hoffe auf regen Zuspruch.

Laub, Anno Domini 2017

Alfred Bäurle

Anmerkung:
Ergänzende Informationen sind dem Internet entnommen.